Adolf Hausrath

Unter dem Katalpenbaum

Erzählungen

Adolf Hausrath

Unter dem Katalpenbaum
Erzählungen

ISBN/EAN: 9783743325883

Hergestellt in Europa, USA, Kanada, Australien, Japan

Cover: Foto ©ninafisch / pixelio.de

Manufactured and distributed by brebook publishing software
(www.brebook.com)

Adolf Hausrath

Unter dem Katalpenbaum

Unter dem

Katalpenbaum.

Erzählungen

von

Adolf Hausrath.

Leipzig

Verlag von S. Hirzel

1899.

Meiner treuen Schwester

Clementine

in alter Liebe gewidmet.

I.

Eine glühende Julihitze lag auf dem grünen Abhange, an dem Herr Rector Timotheus seit Kurzem ein nettes kleines Landhaus bewohnte. Der würdige alte Herr hatte lange als Oberlehrer an einem märkischen Gymnasium gewirkt; dann war er viele Jahre am Rheine in ähnlicher Stellung thätig gewesen; schließlich hatte man ihn als Rector in die benachbarte Provinzialhauptstadt versetzt. Der etwas altmodische Gelehrte, ein begeisterter Humanist im alten Stil, konnte sich aber in den modernen philo= logischen Schulbetrieb nicht mehr finden und war um seine Pensionirung eingekommen. Sobald er sich des Schuldienstes entbürdet hatte, war der Emeritus mit seiner Familie hinaus in das Dorf gezogen, das freilich zu seinem Verdrusse immer mehr in den Verband der Stadt hineingebaut wurde. Frau Sophie aber, die alte Rectorin, meinte, es lebe sich am besten auf dem Lande, wenn man die Stadt dazu habe. Konnten doch auf diese Weise die beiden Knaben — eine verheirathete Tochter war dem Gatten bereits in die Fremde gefolgt — ihre wissen= schaftliche Ausbildung erhalten, ohne des Eltern= hauses, des grünen Gartens und der guten Landluft

entrathen zu müssen. Auch sich selbst gönnte die
Rectorin die Ruhe und Stille fern von der Be-
suchsstraße der Städter. Die Verpflegung ihrer
kleinen Schar konnte sie ruhig dem dienstbaren Geiste
des Hauses, der alten Sabine, überlassen, sich selbst
aber hatte die treffliche Frau die Familiencorrespon-
denz und den Flickkorb vorbehalten, zwei Geschäfte,
denen sie jetzt meist unter den grünen Bäumen hinter
dem Hause oblag. So verstrich ihr ein Tag wie
der andere, und wenn sie des Abends ihren Kram
zusammenpackte, das Rechnungsbuch abschloß und
sich anschickte zur Ruhe zu gehen, dann trug sie
nach alter Gewohnheit das Facit des Tages in ein
Gedenkbuch ein, das ihr Mann ihr geschenkt hatte
und das bis zum 31. December 1899 reichte. Am
gestrigen Abende hatte der Eintrag gelautet: „Brief
an Dora geschrieben, sechs Strümpfe geflickt und
Frieden im Gemüth.“

Nicht ganz so leicht ertrug ihr beträchtlich älterer
Gemahl die Muße, die er so lange herbeigewünscht
hatte. Wohl war er früher der Meinung gewesen,
daß die tägliche Last des Schuldienstes seinen Geist
abstumpfe und daß seine wissenschaftlichen Arbeiten
nur darum nicht die hinlängliche Beachtung fänden,
weil ihm die Zeit fehle, ihnen die letzte Vertiefung
und die nöthige glänzende Feile zu geben. Aber es
war merkwürdig, seit er nicht mehr täglich vor der
Classe seinen Plato interpretirte, blieben die scharf-
sinnigen Wahrnehmungen aus, die ihm sonst während

des Unterrichts, wenn er ihnen nicht nachgehen konnte, so reichlich zwischen den Zeilen entgegengetreten waren, und er meinte jetzt, seine Productivität sei erloschen, seit er die Zeit zu Productionen nicht mehr wie früher mühsam zu erhaschen brauche.

„Du bist eben auch kein heuriges Häschen mehr," sagte dann seine Frau, indem sie ihm liebevoll die dünnen weißen Strähnen mit ihrer weichen runden Hand aus der hohen Stirne strich. „Lasse unsern Jungen auch etwas übrig für ihre Bücher."

Es war aber noch ein Anderes, was dem Emeritus oft die Stimmung verdarb. Seit er des Schuldienstes enthoben war, wurde er immer häufiger um Uebernahme von Ehrenämtern angegangen; man wollte ihm allerlei bürgerliche Geschäfte und Laufereien aufbürden, so daß er die Muße, auf die er sich so sehr gefreut hatte, nun von dieser Seite her bedroht sah.

Einen Angriff solcher Art hatte der alte Herr auch heute zu erdulden. Er saß ruhig in seinem Garten, und während er durch die großen runden Blätter eines Katalpenbaumes in den dunkelblauen Himmel blickte und dabei sich eine Textverbesserung zu Plato's Phädon durch den Kopf gehen ließ, führte ihm die wackere Sabine drei Herren zu, deren feierlichen Mienen man sofort ansah, daß sie in Angelegenheiten des öffentlichen Wohles und der Sicherheit des deutschen Reiches den pensionirten Rector zu sprechen wünschten. Der hagere alte

1*

Mann erhob sich, und indem er sein Sammet=
käppchen schwenkte und eine ungeschickte Verbeugung
nach der anderen machte, bat er die drei Besucher,
auf seinen Gartenstühlen Platz zu nehmen. Hastig
wischte er die weißen Blüthen der Katalpen von den
Sitzen und bat die Herren, ihre Hüte aufzubehalten.
Einer der Drei, Pastor Marcus, eine bleiche, hohe
Gestalt, war dem Rector schon bekannt. Er stellte
den benachbarten Gutsherrn Mucius, einen be=
häbigen, alten Herrn, mit besonderer Feierlichkeit vor.
Der Dritte nannte sich selbst: „Baron Scipio,
Rittmeister außer Diensten". Er war ein noch
junger Mann mit scharf geschnittenem, energischem
Profil und strammem, soldatischem Wesen.

„Marcus, Mucius, Scipio," sagte der alte
Schulmann lächelnd, „drei schöne historische Namen!
Ich freue mich, die Sprossen so alter Geschlechter
in meinem Garten zu begrüßen."

„Wir kommen aber in einer Angelegenheit der
neuesten, ja der zukünftigen Weltgeschichte, mein
lieber Herr Rector," erwiderte der junge Pastor in
herablassendem Tone. „Wir wollten Sie daran er=
innern, daß die Wahlhandlung um ein Uhr ge=
schlossen wird und daß Sie Ihre Stimme noch nicht
abgegeben haben."

Der Rector sah etwas betroffen auf und räu=
sperte sich, seine Lippen aber preßten sich fest zu=
sammen, wie seine Gewohnheit war, wenn er den
Wunsch eines Schülers abschlagen mußte.

„Sie haben natürlich nur vergessen, daß heute Wahltag ist," fügte Baron Mucius hinzu. „Bei den gelehrten Herren sind wir das gewohnt."

„Erlauben Sie, daß ich Ihnen einen Stimmzettel zustelle," sagte der Rittmeister verbindlich. „Sie stimmen als alter Beamter doch selbstverständlich mit unserer Partei."

Der Rector sah in das überreichte Blatt und runzelte die Stirne.

„Sie haben an unserem Candidaten doch nichts auszusetzen?" fragte Herr von Mucius. „Herr Knollfink ist ein Ehrenmann und einer der reichsten Grundbesitzer des Bezirks."

„Ein ganz zuverlässiger Charakter," bestätigte Scipio.

„Eine der Stützen der guten Sache," fügte der Pastor hinzu.

Als der Rector auch jetzt noch zögerte, mahnte der heißblütige junge Prediger eifrig: „Nach meiner Auffassung sind alle Patrioten verpflichtet, für unseren Candidaten zu stimmen. Wer nicht mit uns ist, ist wider uns, und wer . . ."

Nun aber runzelte der alte Schulmann die Stirne und um seinen Mund kam jenes nervöse, ärgerliche Zucken zum Vorschein, das ihn stets heimsuchte, wenn einer seiner Primaner eine Satzconstruction so unheilbar verwirrt hatte, daß es auch dem erfahrenen Sprachmeister nicht leicht wurde, dieselbe in eine befriedigende Uebersetzung aufzulösen.

„Es eilt, es eilt, lieber Herr Rector," drängte Herr von Scipio. „Sie haben eine Viertelstunde zum Wahllocal und in zwanzig Minuten wird Alles vorbei sein. Nach den Aufzeichnungen unseres Aus= schusses, der die Eintretenden controllirt, steht die Stimmenzahl beinahe gleich. Bedenken Sie, welche Verantwortung Sie auf sich laden würden, wenn durch Ihre Schuld die gute Sache unterläge. Eine einzige Stimme kann den Ausschlag geben."

„Meine Herren!" sagte nun der Rector gereizt, „erlauben Sie mir nun auch zum Worte zu kommen. Meine Absicht ist überhaupt nicht, mich bei der Wahl zu betheiligen. Nach meiner langen Abwesen= heit sind mir die gegenwärtigen Bedürfnisse des Wahlkreises völlig fremd geworden. Ich weiß eigent= lich nur, daß ein Consortium den Gutsbesitzer Knoll= fink in Entreprise genommen hat, ein anderes den Fabrikanten Rollmops. Wie aber diese beiden Herren zu den großen Culturfragen stehen, die mir am Herzen liegen, darüber weiß ich lediglich nichts. Erlauben Sie also, daß ich meine Stimme weder zu Gunsten des Einen noch zu Gunsten des Anderen in die Wagschale werfe."

„Nein, das erlauben wir nicht," fiel der Pastor hochfahrend ein. „Es handelt sich hier überhaupt nicht um die Bedürfnisse eines einzelnen Wahlkreises, es handelt sich . . . . ."

„Rasch, rasch!" unterbrach hier der Rittmeister, der die Beredtsamkeit seines geistlichen Begleiters fürchtete, „die Zeit verstreicht. In einer halben Stunde wird die Wahlhandlung geschlossen."

„In dieser Weise lasse ich mir meine Stimme nicht abbringen," erklärte der alte Herr, indem er sich erhob. Auch die drei Gäste standen auf. „Wir müssen noch in drei Häuser," sagte der Pastor leise, doch so, daß der Rector es hören konnte, „verlieren wir unsere Zeit nicht mit dem alten Pedanten."

„Also abgeblitzt!" lachte der Rittmeister und wendete dem Greise mit einem oberflächlichen Gruße den Rücken.

Baron Mucius hielt überhaupt nicht für nöthig, zu grüßen. Der Pastor aber trat hart an den Hausherrn heran, und indem er seinen Hut mit der großen knochigen Hand glatt strich, verabschiedete er sich mit den Worten: „Gestatten Sie mir nun nur noch die eine Bemerkung, daß ich Ihr Benehmen pflichtwidrig finde." Zornig fuhr der alte Schul= mann in die Höhe und rief, indem seine schönen blauen Augen Blitze schossen: „Mein Herr, was er= lauben Sie sich? Ich war lange gewohnt, meine Pflicht zu erfüllen, ehe Sie auch nur den ersten Schrei in die Welt gethan haben, der Sie mit Ihrem Benehmen gegen einen alten Mann nicht zur Zierde gereichen."

Der junge Prediger verfärbte sich etwas, fand aber doch für gut, einzulenken. „Ich wollte Sie nicht persönlich beleidigen," begütigte er. „Ich meinte nur, daß wir verschiedene Vorstellungen von unseren

Pflichten haben." Damit machte er einen Versuch, dem alten Herrn zum Abschiede die Hand zu geben, da dieser aber die Bewegung übersah, grüßte er haftig und eilte mit großen Schritten davon, um seine beiden Begleiter einzuholen. Als auch er sich entfernt hatte, begab sich Herr Timotheus in heftiger Erregung zu dem Lieblingsplatze seiner Frau im Schatten des Hauses und erzählte ihr unter zahl= reichen Zornesrufen die Unbill, die ihm widerfahren war. „Wer gibt diesen Menschen das Recht hier einzudringen und mich in meinem eigenen Hause zu beleidigen," schalt er. „Der gute Ton verfällt immer mehr bei diesem politischen Gezänke. Unter dem Vorwande, der guten Sache zu dienen, befleißigen sich diese Menschen der schlechtesten Sitten. Wer sind diese Leute? Je weniger Einer in seinem speciellen Berufe leistet, um so gemeinnütziger ge= bärdet er sich natürlich im öffentlichen Leben. Diesen Marcus hörte ich einmal predigen. Er besitzt Fanatismus genug, um ein ganzes Jesuitencolleg damit auszustatten, aber gelernt hat er nichts. Ueberhaupt, welche Bedeutung hätte diese Sorte ohne ihren „Standpunkt?" Der Beste ist noch der Rittmeister, ein Husar vom Wirbel bis zur Zehe, aber einer von jener Art, die jeden unter ihre Hufe tritt, der nicht in Allem und Jedem ihrer Meinung ist."

In dieser Weise sprudelte der alte Schulmann seinen Unwillen aus, und er hätte damit vielleicht

noch lange fortgefahren, aber eine höchst gewaltsame
Unterbrechung machte plötzlich seinem Redestrome ein
Ende. Am Bergabhange, hart über dem Garten
des Rectors, krachte plötzlich ein Böllerschuß, so daß
die beiden alten Leute erschrocken in die Höhe fuhren.
„Unerhört!" rief der alte Mann zornig. Aber dem
ersten Schusse folgte ein zweiter und ein dritter und
weitere, so daß es dem erbitterten Greise unmöglich
wurde, die Unterhaltung fortzusetzen. Auch erschien
jetzt vom Hause her die Magd, um auf den im
Garten gedeckten Tisch die Suppenschüssel zu setzen,
was ein Zeichen war, daß die jungen Herren aus
der Stadt zurückgekehrt seien. Die alten Leute be=
gaben sich zu dem Mittagstische, und kaum hatten
sie sich niedergelassen, so kam ein nach dem Bilde
des Vaters hoch aufgeschossener blonder Student
um die Buchshecke, und indem er seine Collegien=
mappe auf einen leeren Stuhl warf, rief er den
Eltern ein fröhliches: „Guten Morgen, Papa, guten
Morgen, Mama" zu. „Kennt Ihr schon das Wahl=
resultat?" fragte er dann. „Knollfink neuntausend
Stimmen, Rollmops neuntausend achthundert." Die
Frau Rectorin schöpfte bedächtig die dampfende Suppe
in die Teller, während ihr Gemahl ärgerlich seine
Serviette ausbreitete. „Also darum der Lärm,"
sagte er. „Man meint, es hänge das Wohl der
Welt daran, ob der Agrarier Knollfink oder
der Baumwollenjunker Rollmops im Reichstage
einen Sessel drückt. Für die wahre Cultur ist

es ganz gleichgültig, welcher der beiden Geldsäcke obsiegt."

„Nun," erwiderte Alexander, „Rollmops ist wenigstens liberal . . ."

„Bitte," rief der alte Herr ärgerlich. „Ich habe eben schon das Lob des Herrn Knollfink singen hören, nun behalte Du wenigstens Deinen Rollmops für Dich. Deine Eltern waren gerade daran, die sauberen Folgen dieser abscheulichen Wahlkämpfe zu erörtern . . . da, nun kracht es schon wieder."

In der That hatte der alte Kammerjäger, der die Gemeindegeschütze bediente, seine verschiedenen Böller inzwischen zum zweiten Male geladen, und in rascher Folge dröhnten wieder sechs Schüsse über den Häuptern der kleinen Gesellschaft hin, wobei der Rector jedesmal mit einem zornigen Gesichte und einer unwilligen Bewegung der Hand zusammenfuhr.

„Wir hätten heute drinnen essen sollen," sagte die Rectorin entschuldigend, indem sie ihrem leicht verstimmten Eheherrn zärtlich in die Augen sah.

„Das hilft ja gar nichts," erwiderte ihr Gatte unwillig. „Der Sieg des großen Rollmops dringt durch Fenster und Mauern. Wir leben nun ein= mal in der Aera der Banausen."

„Rollmops hat auch in Kälberstadt gesiegt," er= tönte jetzt eine lustige Stimme, und zwischen den blühenden Gartenbüschen wurde der zweite Sohn des Rectors sichtbar, der seine Schulbücher zur Erde warf, mit einem gewandten Satze sich über eine im

Wege stehende Bank schwang, um sich dann hurtig
auf seinen Stuhl am Tische niederfallen zu lassen.

„Danke, daß Du uns wenigstens nicht in die
Suppe gesprungen bist," sagte die Mutter, die in den
Mienen des Vaters ein Gewitter aufsteigen sah.
Dieser aber rief zornig: „Wenn Du Deine Bücher
ruinirst, so kannst Du sie Dir von Deinem Ab=
geordneten Rollmops neu binden lassen. Zu meiner
Zeit ist man mit dem Eigenthum seiner Eltern also
nicht verfahren."

Die Rectorin gab ihrem Liebling einen Wink,
und Lutz stand wieder auf, nahm seine Bücher von
der Erde und legte sie zur Collegienmappe seines
älteren Bruders auf den Stuhl. „Ich bitte um
Entschuldigung, Papa," sagte der frische Junge.
„Uebrigens bin ich für Knollfink, und Alex ist für
die Möpse." Das Angesicht des Vaters hellte sich
bei der drolligen Miene des fröhlichen Gesellen wieder
etwas auf, aber inzwischen hatte der Kammerjäger
seine Böller aufs Neue geladen, und wieder krachten
sechs Schüsse über den Garten des Rectors hin.
Das Mittagessen verlief unter solchen Umständen
höchst ungemüthlich, und erst als die alte Magd mit
der Zeitung eine Postkarte von der verheiratheten
Tochter in den Garten brachte, und die Rectorin
mittheilte, daß Dora nunmehr ihre Ankunft sicher
auf die nächsten Tage angekündigt habe, fanden sich
Vater und Brüder in einem frohen Gespräche zu=
sammen, was mit dem erwarteten Familienliebling

nun Alles unternommen und welche Ausflüge zu
seinen Ehren veranstaltet werden sollten. Der
Kammerjäger hatte sein Pulver endlich auch ver=
schossen, und so erhob sich der alte Herr, um, wie
er sagte, auf der Bank oben im Baumstück des
Gartens, seine Zeitung zu lesen. Die Bank stand
tief in den Büschen und war so bequem an einen
sich rückwärts neigenden alten Nußbaum gelehnt,
daß der Rector diesen Sitz selbst seinem Sopha vor=
zog, und seit ihm sein Sohn Lutz einen höchst
praktisch construirten Schemel zu derselben gezimmert,
pflegte der Vater hier ganze Stunden zu verträumen.
Er selbst hatte deshalb den stillen Ruheplatz, an dem
nur gelbschnäbelige Amseln und zwitschernde Finken
seine Gesellschafter waren, seine „Traumbank" ge=
nannt. Mit einem angenehmen Gefühle der Müdig=
keit ließ sich der alte Herr an seinem Lieblings=
plätzchen nieder. Auf seiner Zunge hatte er noch den
Nachgeschmack der guten Küche seiner Frau, sein
Herz war froh in Erwartung der jugendschönen
Tochter, und sein Geist kehrte zu den merkwürdigen
Lesarten einer alten Phädonausgabe zurück, die er
diesen Morgen in der Bibliothek entdeckt hatte. Aber
indem er sie hervorziehen wollte, gewahrte er erst
die Zeitung, die er aus alter Gewohnheit an sich
genommen, und die er nun auch bedächtig auscin=
anderbreitete. Zunächst fielen ihm die Wahlaufrufe
der beiden Ausschüsse in die Augen. „Mitbürger,
wählt Heinrich Knollfink!" „Mitbürger, wählt

Christian Rollmops!" stand hier in großen Buch=
staben zu lesen. „Selbst im Drucke müssen sie den
Mund aufsperren," zürnte der Rector für sich. „Ich
erinnere mich dieses Rollmopses noch recht wohl.
Er war hinwiederum einer meiner schlechtesten
Schüler. Im griechischen Scriptum war er völlig
ungenügend, und selbst mündlich kamen die ent=
setzlichsten Interpretationen zum Vorschein. Aber
welche Lobhudeleien nun, weil der dumme Mensch
Millionär ist." Kopfschüttelnd las der Emeritus die
prahlerischen Selbstempfehlungen seines Zöglings.
Dann kamen die Correspondenzen: „Kleinsalmbach
am 14. Juli. Gestern hat unser Reichstagscandidat
Rollmops .." „Das Beest läuft mir heute ordent=
lich nach," sagte der alte Schulmann ingrimmig, und
sein Auge suchte den nächsten Artikel. „Großger=
städt den 15. Juli. Heute Abend wird der Ver=
trauensmann unseres Bezirks, Herr Rollmops ...."
„Da haben wir's, Rollmops und kein Ende," zürnte
der Rector und ließ das Auge weiter schweifen.
„Kohlhausen den 16. Juli. Unser kleiner Ort wurde
gestern erfreut durch die Ankunft des Reichstags=
candidaten Herrn Rollmops." ....

„So mopst Euch, so viel Ihr wollt," rief nun
der alte Schulmann in komischer Entrüstung, „mich
aber laßt zufrieden." Er wendete das Blatt, um
nach den auswärtigen Nachrichten zu suchen. Da
diese aber während der Reichstagswahl an dieser
Quelle nur spärlich flossen, gerieth er bald wieder

in die Rubrik „Locales" zurück. Auch hier war sofort wieder von einer „gemüthlichen Wahlbesprechung" im blauen Lamm zu lesen. „Der Stoff war gut," wurde berichtet. „Ungeheuern Reiz übte Fräulein Charlotte, die mit gewohnter Anmuth jeden Gast zufrieden stellte; der dem Humor gewidmete Abend währte bis zum Morgen, man amüsirte sich famos und kehrte, als es bereits zu dämmern begann, in heiterster Stimmung nach Hause zurück, Mancher schwankenden Schrittes, aber fest entschlossen, Herrn Rollmops seine Stimme zu geben." Nun legte der alte Herr die Zeitung entrüstet zur Seite. „Früher," sagte er, „begnügte man sich doch, sich zu betrinken. Heute will man seinen Rausch auch noch am anderen Tage als patriotische That in der Zeitung lesen, und die Redaction nimmt solche Rohheiten auf, um den eifrigen Mitarbeiter nicht zu verlieren. Hoffentlich denkt der Herr hier anständiger als er schreibt, aber wenn sich der Ton erst in der Presse verschlechtert hat, so verschlechtert er sich natürlich auch im Leben. Wohin werden wir kommen, wenn der Verkehr solche Formen annimmt, wie ich sie heute kennen lernte! Alle Feinfühligkeit und Zartheit der Empfindung muß dieser Generation schließlich schwinden. Da lobe ich mir die Zeit des patriarchalischen Regiments, als nicht alle Fragen an die rohe Menge gebracht wurden, sondern die weisesten und angesehensten Männer in stillem Rathe entschieden, wie es gehalten werden solle und was Rechtens sei. Man meint freilich,"

fuhr er nach einer kleinen Pause, in der er ein=
zunicken im Begriffe war, in seinen Gedanken fort,
„das Talent habe damals größere Mühe gehabt,
sich geltend zu machen — — — Wäre es mir
wirklich, so wie ich bin, gelungen, ein angesehener
Gelehrter zu werden in jener Zeit, als man der
wohlwollenden Gönner bedurfte statt der Unter=
stützung der Presse? — Freilich, Theologe hätte ich
werden müssen, um als Schulmann wirken zu
dürfen" — — — Seine Gedanken gingen allmälig
in die Form von Bildern über. Er sah sich selbst
in der Tracht eines armen Candidaten mit schwarzen
wollenen Strümpfen und Schnallenschuhen, wie er
in einem schlichten dunkeln Rocke, mit zurückge=
schlagenen Schößen, den gepuderten Haarbeutel im
Rücken, den dreieckigen Hut unter dem Arme, zum
Schlosse des Herrn von Mucius pilgerte, um sich
daselbst um den Pfarrdienst zu bewerben, der vor
Zeiten einmal mit seiner früheren Schulstelle ver=
bunden gewesen war. Die Beine wurden ihm schwer.
Betäubend wehte der Duft der Katalpen herüber
nach der Traumbank. Das Haupt des alten Mannes
sank zur Brust herab, und er entschlief.

II.

Das eiserne Thor mit seinen phantastischen
Schnörkelzierrathen war kreischend hinter ihm zu=
gefallen, und er sah sich auf einem schlechtgepflegten

Kieswege, auf dem hier und dort ganze Büschel
Gras wuchsen. Zur Rechten und Linken standen
Sandsteinfiguren, ein Schäfer, der den Mund spitzte
nach einer abgebrochenen Flöte, und eine Schäferin,
die, süß lächelnd, ihrem Gegenüber mit einem Arm=
stumpfe winkte. An die Gartenfiguren schlossen sich
Buchshecken an, die früher als Obelisken, Kioske,
Pfeiler und Thürme zugeschnitten gewesen waren,
nun aber nach allen Seiten auswuchsen. Als Er=
innerung an eine eingetrocknete Wasserkunst lag ein
Neptun mit einer zersprengten Schale inmitten einer
sumpfigen Wiese. In derselben war ein Viereck mit
Kohl angebaut. Dann erhoben sich hohe schattige
Bäume, zwischen denen die grauen Wände eines ein=
stöckigen Herrnhauses hervorlugten.

„Als Aeltester werde gewählt Einer, der seinem
eigenen Hause wohl vorsteht,“ sagte Timotheus
kopfschüttelnd. „Doch wäre hier zu prüfen, ob wir
von einem Kirchenpatrone dieselbigen Qualitäten
verlangen dürfen wie von einem Presbyter. Wenn
ich selbst freilich und Jungfer Sophia, meine viel=
geliebte Braut, eine solche Wirthschaft unter unseren
Augen dulden wollten, so würde uns das vor Gott
und der Welt zu merklichem Unglimpf gereichen;
aber den großen Herren mag es nachgesehen werden,
wenn sie ob wichtigerer Sorgen das Kleine um sich
her übersehen.“ So beschwichtigte er sein Unbehagen
und drückte seinen dreieckigen Hut fester an sein
klopfendes Herz, denn er fürchtete, der gestrenge

Junker könne ihm ansehen, welche subordinations=
widrige Gedanken er vor Ueberreichung seiner unter=
thänigsten Supplik gehabt habe. Dessenungeachtet
vermochte er einen Ausruf des Unwillens nicht zu
unterdrücken, als er an eine Stelle gelangte, wo
die Wasser der zerbrochenen Neptunschale lustig über
den Kiesweg rieselten. Wie sollte er da mit blanken
Schnallenschuhen und geziemender Reinheit der
schwarzen Wollstrümpfe dem gestrengen Kirchen=
patrone unter die Augen treten, wenn der Gärtner
seines Amtes so wenig Sorge trug? Mit weit aus=
greifenden Sprüngen, so daß sein Haarbeutel flog
und der Puder stäubte, setzte der Candidat über den
Rasen und erreichte so einen trockenen Seitenpfad,
der, wenn auch mit etlichen Umwegen, schließlich doch
nach dem Schlosse führen mußte. Auch schien das
Glück ihm hold. Kaum hatte er den Park erreicht,
nach welchem der Seitenpfad führte, so sah er schon
von der anderen Seite die breite Gestalt des gnädigen
Herrn aus dem Schlosse treten und dem Wäldchen
zuschreiten. Sein volles Gesicht war erhitzt und
glühte fast eben so roth wie der goldgestickte Gala=
rock, den er trug und bei dessen Anblick Timotheus
unwillkürlich denken mußte, daß die Kosten dieses
Kleides allein genügt hätten, den verwilderten Garten
mit seinen Figuren wieder in guten Stand zu setzen.
Der Träger dieses kostbaren Kleides schien eben von
der Tafel zu kommen. „Wird es klug sein," über=
legte sich Timotheus, „wenn ich ihm meine Bitte

um die Pfarre jetzt vortrage, da er doch sichtlich in
einer ungeistlichen Stimmung sich befindet?" Aber
man sagt, es sei leichter von dem satten Löwen
etwas zu erbitten als von dem hungerigen. Ver=
weilen wir hier an dem Wege und warten, ob er
uns anredet?" Indem er seine Supplik in die etwas
zitternde Hand nahm, stellte der sechs Fuß hohe
Candidat sich demüthig am Wege auf. Aber des
wackeren Timotheus Herz hatte umsonst geklopft.
Der gnädige Herr schlug andere Wege ein und ver=
lor sich in dem dichten Gebüsch der Zwergkastanien und
Haselnußsträuche. Gleich darauf sah der Bittsteller
eine junge Frauensperson in kecker Schäfertracht nach
dem gleichen Busche schlüpfen. Ihr helles Kleid
glänzte durch die Hecken, als der Candidat auf den
breiteren Weg hinaustrat. „Nun, Fränzchen," hörte
er dann eine rauhe Männerstimme lachen, „muß Dich
der Weg gerade hierher führen?" Das Frauen=
zimmer erwiderte etwas, was Timotheus nicht ver=
stand. Dann hörte er kichern und eilte vorüber,
um das Schloß zu erreichen.

„Diese Heerde hat keinen guten Hirten," sagte er
bei sich selbst. „Es ist traurig, ein heiliges Amt
aus so unreinen Händen empfangen zu sollen."
Sein gepudertes Haupt traurig zur Erde gesenkt,
kam er dem Schlosse näher. Er hatte da einen Bau
vor sich, der einer geschweiften Kommode glich. Eine
breite Doppeltreppe führte zu der Terrasse, auf der
das Schloß lag, dessen Fenster fast bis zum Boden

herabreichten. Ueber denselben erhob sich dann das
steile Schieferdach mit seinen Mansarden, während
der Unterbau unter der Terrasse die Wirthschafts=
räume enthielt. Was diese an Sonne zu wenig
hatten, hatten die Mansarden zu viel, so daß nur
die Herrschaftsräume in der Mitte mit Luft und
Licht verschwenderisch ausgestattet waren. Timotheus
warf einen melancholischen Blick auf diesen Junker=
hof. „So bauen sie," dachte er, „die Götter der
Erde!" Aber er konnte hier nicht lange sinniren,
denn vom Schlosse her jagten jetzt zwei Bulldoggen
mit gefletschten Zähnen gegen ihn heran und sprangen,
während der Candidat sich ängstlich mit dem Rücken
an einen Baum stemmte und die Bestien mit Fuß=
tritten sich vom Leibe zu halten suchte, in wüthenden
Sätzen an ihm in die Höhe. Zu seinem Glück er=
schien in diesem Augenblick ein Galadiener mit einem
mächtigen Dreimaster auf dem Kopfe und einem
breiten Silberbandelier auf dem blauen Rocke und
rief, indem er einen Stock schwang: „Hector! Sultan!
hierher, wollt ihr wohl!" Knurrend zogen sich die
Hunde auf diesen Zuruf von dem geängsteten An=
kömmling zurück und jagten, noch immer bellend und
von Zeit zu Zeit unwillig sich umwendend, den
Gartenweg hinunter.

Timotheus hatte in dem langen Hofmeisterleben,
das hinter ihm lag, sattsam erfahren, daß ein armer
Candidat Unbill, die er erduldet, möglichst rasch ver=
gessen müsse, und er beschloß daher, der nassen Wege

2*

und des anmuthigen Empfanges durch Bluthunde
keine weitere Erwähnung zu thun, sondern trat mit
einer tiefen Verneigung vor den Lakaien, der ihm
aufgeblasen wie ein Puter in den Weg trat.

„Würde der Herr Haushofmeister wohl die
Geneigtheit haben," sagte er bescheiden, „mich zu
unterweisen, zu welcher Stunde ich dem gnädigsten
Herrn mein Gesuch um die erledigte Pfarre zu
Sandau sammt anklebigem Schuldienste überreichen
könnte?"

Die demüthige Ansprache des Pfarrcandidaten,
der doch auch schon ein gereister Herr war, schien
den Diener angenehm zu berühren. Er schlug ver=
traulich mit dem silbernen Knopfe seines Stockes
dem Candidaten auf die Schulter und sagte: „Da
seid Ihr just vor der rechten Schmiede. Wollen
sehen, wie wir uns gefallen? Sind schon Manche
da gewesen, sind aber mit langer Nase wieder ab=
gezogen. Hatten gemeint, den Haushofmeister sieht
man über die Achsel an, dann lernt er einen ästimiren.
Ich aber habe die Visagen gleich los. Wer bist
Du, Fuchs oder Hai'? Was Euch betrifft, so gefallt
Ihr mir, denn Ihr plumpet nicht gähling zu wie
die Anderen, die nur fragten: ‚Wo ist der Baron?
Ich will ihn sprechen,' und gar nicht sorgten, ob
ich will und ob noch wer will? Nun, Ihr seid
wohl gewachsen und habt gute Conduiten. Was
seid Ihr für ein Landsmann und habt Ihr sonst
schon eine Pfarre verwaltet?"

Dem guten Timotheus kam es seltsam vor, daß er hier zuvörderst einem Lakaien Rede stehen solle über seine Befähigung zum Kirchendienste; aber in den adeligen Häusern, in denen er fünfzehn Jahre gehofmeistert hatte, war es ihm hinlänglich klar geworden, daß die Kammerzofen und Lakaien nicht bloß zum Frisiren und Serviren da seien, und darum gab er höflich und ehrbar, als ob er vor dem Senior der Geistlichkeit selbst stehe, über seine seitherige Beschäftigung Auskunft. Den dicken Portier befriedigte dieses Verhalten sichtlich, und ein Zug von Wohlwollen und Gönnerthum ging über sein breites Gesicht. „Ihr wäret vielleicht der Mann für uns," sagte er, „zumal Ihr ein hübsch gewachsener Bursche seid. Wir wollen einmal die Sache miteinander bereden. Tretet einstweilen hier ein, ich will nur sehen, wo meine Tochter steckt." Indem er den Candidaten vertraulich am Arme faßte, drängte er ihn durch das Portal in eine weite Vorhalle, von deren gemalter Decke allerlei Genien und Amoretten und von Spinnweben überzogene Stuckverzierungen herabschauten. Der Portier aber öffnete zur Linken eine Thüre und ließ Timotheus in sein Wartestübchen eintreten. An den getünchten Wänden hingen die Kleider des Pförtners. In der Ecke sah man ein nothdürftiges Bett, auf dem der Diener die späte Rückkehr seines Herrn abzuwarten pflegte. Rings standen geleerte Bierkrüge an der Erde, denen der alte Sünder wohl das behäbige Aussehen und die

stattliche Röthe seines Gesichtes verdankte. Seufzend
ließ sich der Candidat auf einem Holzstuhle nieder,
indem er seinen dreieckigen Hut auf seine Kniee legte.
„Welche trübe Quelle der heilsamen Amtsgnade,"
seufzte er. „Aber hat nicht auch der würdige Propst
Spener in Dresden einem argen Hofe gedient und
in Berlin durch Verbindung mit dem Leibdiener
Serenissimi die schönsten Erfolge der Pietät erzielet?
Meine Sache ist es ja sonst nicht, solchen Dingen
mit spitzklugem Gemüthe nachzudenken. Aber wer
die Welt kennt, kann sich alle Tage überflüssige
Exempel nehmen, daß man seine Sachen muß klüglich
angreifen, um sie zu gut dienendem Ende zu bringen.
Solches werde auch ich observiren müssen. Wenn
ich diesen wackeren Mann für mich gewinne, so kann
er mir zu meinem Ziele helfen, und etwas Böses
ist ja nicht dabei."

Inzwischen war der Portier, der im Hause vergeblich nach seiner Tochter gesucht hatte, wieder
zurückgekehrt, und indem er die Thüre der Warte-
stube weit aufsperrte, setzte er sich nunmehr zu seinem
Schützling. „Ich weiß nicht, wo sie steckt," sagte
er vertraulich. „Die Sache ist aber die, daß sie die
Hauptperson ist bei der Pfarre. Der gnädige Herr
hat nämlich mein Fränzchen sehr in Affection genommen und ihr versprochen, Keinen zu nehmen, der
ihr zuwider ist." Timotheus wurde bleich. Der
Grund, warum der Haushofmeister bei der Pfarr-
besetzung eine so wichtige Person war, wurde dem

armen Candidaten nun plötzlich deutlich). Aber viel=
leicht flunkerte der geriebene Schuft auch nur so, um
bei dieser Gelegenheit seine Tochter an den Mann
zu bringen. Der Candidat hütete sich darum, eine
Miene zu verziehen, vielmehr fragte er in verbindlichem
Tone: „Da war die schöne Dame, die soeben in
einem rosa Gewande im Garten lustwandelte, wohl
Ihre Jungfer Tochter?"

„So, dort steckt sie wieder," lachte der Alte.
„Nun, da wißt Ihr ja Bescheid, und ich rathe Euch,
ihr Euere Reverenz zu machen, wenn Ihr bei dem
gnädigen Herrn Euere Sache durchsetzen wollt."

„Und wann glaubt Ihr," lenkte Timotheus ab,
„daß ich den Herrn sprechen könnte?"

Indem schlugen draußen die Hunde wieder an.
Der Portier erhob sich und pfiff. „Hector, willst
Du, Bestie!" Dann wendete er sich im Abgehen
noch einmal zu Timotheus zurück. „Bleibet ruhig
hier," sagte er. „Ich werde Euch melden, und so=
bald der Baron bei Stimmung ist, lasse ich es Euch
wissen. Aber Fränzchen muß Euch zuvor gesehen
haben, ob sie Euch auch will?"

Noch ehe Timotheus eine Antwort geben konnte,
war der Portier hinausgeeilt, da die Hunde draußen
aufs Neue lärmten. „Es wird wohl Alles so sein,
wie er sagt", dachte Timotheus. „Er ist offenbar
seiner Sache sicher. Aber mein Weg ist mir klar
vorgezeichnet. Von Angesicht zu Angesicht werde ich
dem Freiherrn von Mucius entgegentreten und ihn

um die erledigte Pfarre bitten. Ihn hat Gott in seiner unerforschlichen Weisheit zum Patron dieser Kirche gesetzt, nicht diesen Lakaien und sein Fränzchen. Mulier taceat in ecclesia. Scheitere ich in diesen Troubeln, so war es eben eine Prüfung meiner Treue."

Mit diesem Entschlusse saß der Candidat geduldig in dem Stübchen, während draußen der Portier herüber und hinüber schritt. Endlich wurden auf der Treppe schwere Schritte vernehmbar. Gleich darauf schrie einer der Hunde, als ob er einen Fußtritt oder einen Schlag mit dem Stocke erhalten hätte, und Timotheus hörte, wie der Lakai zur Seite trat und seinen Stock militärisch auf dem Boden aufstieß, daß er klirrte. Im selben Augenblicke trat auch er aus seinem Stübchen hervor, und seine Supplik vor sich haltend, verneigte er sich tief vor dem gnädigen Junker. Indem er dann bescheiden aufblickte, sah er, wie ein feistes Gesicht sich ihm langsam zuwendete, während der Portier ihm einen giftigen Blick aus den geschlitzten Augen zuwarf.

„Was soll's?" fragte der Gutsherr barsch.

„Er will die Pfarre," flüsterte der Portier, noch ehe der Candidat seinen wohl vorbereiteten ceremoniösen Sermon beginnen konnte. „Schon wieder ein Bewerber," murrte der Edelmann. „Das regnet ja Pfaffen. Ach so, das ist der Lange, von dem mir der Rittmeister Scipio gesagt hat. Na, komme Er herein, daß ich sehe, was an Ihm ist!"

Der Portier sprang auf und riß die Thüre zum Empfangszimmer weit auf. Höflich dienernd, folgte der hochgewachsene Candidat, den Hut unter dem Arme, dem voranschreitenden Herrn des Hauses. Als er mit klopfendem Herzen um sich schaute, befand er sich in einem hellen Gemache mit vergoldeten Möbeln, an dessen Wänden üppige Schäferscenen abgebildet waren. Das Ganze trug freilich auch hier die Spuren des Verfalles, wie Timotheus nicht entging, obwohl er die Blicke demüthig auf den von klaffenden Spalten durchzogenen Fußboden richtete. Da der Freiherr sich in einen der geschweiften Stuhlsessel warf, die gerade vor dem hohen Fenster standen, konnte Timo= theus nur die dunkeln Umrisse der gedrungenen Ge= stalt sehen, deren weitaufgerissene Augen ihn streng musterten.

„Gerade stehen . . wie viele Fuß hat Er, über sechs, hm?"

„Sechs Fuß einen Zoll, Euer Gnaden zu dienen .."

„Warum dient Er Sr. Durchlaucht nicht als Soldat?" murrte der Edelmann. „Das Handgeld ist gut bei den langen Kerlen. Er hätte das Maß."

„Ich habe die heilige Gottesgelehrsamkeit studirt, und möchte Sr. Durchlaucht und Euer Gnaden am liebsten dienen, indem ich das erledigte Kirchen= und Schulamt zu Sandau zum Frommen einer christlichen Gemeinde gewissenhaft verwaltete."

„Hm," erwiderte der Patron, „ist auch besser, wenn die Bauern an ihrem Pastor hinaufsehen müssen,

als wenn sie auf ihn herunterselzen. Er kann sie
dann auf der Jagd, wo Er die Treiber zu comman=
diren hat, besser in Zucht halten."

„Ich werde mich bemühen, Euer Gnaden Zu=
friedenheit auch bei dieser Gelegenheit zu erwerben,"
sagte Timotheus demüthig. Er wußte, daß dieser
Dienst häufig von seinen Amtsgenossen verlangt
werde. Um aber seine Willigkeit zu einer so un=
würdigen Verwendung vor sich selbst zu rechtfertigen,
fügte er hinzu: „Auch die Gemeindeglieder haben ein
Interesse daran, daß · der Wildschaden eingeschränkt
werde, und steht der Pfarrer an der Spitze der Treiber,
so kann er unnöthigen Jagdschaden und manchen
anderen Unfug verhindern."

„Gut," sagte der Junker schon etwas freundlicher.
„Ihr seid aber doch keiner von den neuen Kopfhängern,
die das Kartenspiel und den Tanz verbieten und den
Weibern Mucken in den Kopf setzen? Einen solchen
kann ich nicht brauchen."

„Wenn die gnädige Herrschaft mich zum L'hombre=
oder Whisttisch befehlen, werde ich allezeit zur Ver=
fügung sein," sagte Timotheus unterwürfig. „Es ist
immer gut, wenn der Pfarrherr den hohen Patron
auch außeramtlich sieht, um ihm seine Wahrnehmungen
unterthänigst vortragen zu können."

Der Junker nickte. Dann aber warf er wieder
einen prüfenden Blick auf den langen Candidaten.
„Und wie steht es mit der Pietisterei?" und indem
er die Bittschrift des Bewerbers durchblätterte, murrte

er: „Er studirte zu Halle. Da kommt er ja gerade=
wegs aus dem Hauptquartier."

„Professor Francke hat an mir gehandelt als
rechtschaffener Lehrer," sagte Timotheus jetzt frei=
müthig. Dann setzte er mit einem bedeutungsvollen
Blick auf den Junker hinzu: „Ew. Gnaden stehen
selbst in preußischen Diensten, da werden Wohldieselben
auch wissen, wie große Stücke der allergnädigste König
auf seinen August Hermann Francke hält. Schon
gar Manches ist durch ihn erreicht worden, darum
Minister und Kammerpräsidenten vergeblich bittsteller=
ten. In den segensvollen Fußtapfen des seligen
Propstes Spener wandeln gar Viele jetzt am Hofe,
und ist Jedermann gerathen, es mit denen mächtigen
Leuten nicht zu verderben."

Der Junker machte ein nachdenkliches Gesicht. „Er
kann recht haben," sagte er dann, „und scheint mir
allewege ein kluges Huhn zu sein. Man kann ja
die Gerste nehmen, die reinliche Hände streuen, denkt
Er, und dann doch wieder aus dem Mist scharren,
was dort noch zu holen ist."

Timotheus hütete sich, dem Patrone zu wider=
sprechen. „Viele heilige Bischöfe mußten ihr Amt aus
den Händen greulicher Tyrannen empfangen," dachte er,
„und sind dann doch Lichter im Tempel des Herrn
gewesen."

„Wäre mir auch recht," fuhr der Junker dann
fort, „wenn ich einen Weg fände zu den Frommen
in Potsdam. Könnte dort vielleicht Manches ins

Blei gebracht werden, was jetzund schief steht. ‚Geht's nicht über Spandau, so geht's über Potsdam,' sagt der Rittmeister Scipio, den Ihr wohl kennt?"

„Ich habe nicht den Vorzug," erwiderte Timotheus. „Nicht? Um so besser für Euch. Er aber hat mir von Euch gesprochen. Was, das sage ich Euch erst, wenn wir miteinander einig sind. Einstweilen will ich mir die Sache überlegen. Jetzt gehe Er eine Weile in den Garten und mache Er sich mit dem Haushofmeister und seiner Familie bekannt. Will dann hören, ob Er es versteht, mit meinen Leuten auszukommen. Punkt sechs Uhr kann Er dann wieder hier sein zum Imbiß. Hier in diesem Zimmer."

Der Magister verbeugte sich tief. „Ich versichere gehorsamst," sagte er, „daß ich von des Herrn Barons Attention nicht wenig flattirt bin," und damit verließ er das Prunkgemach. Auf dem Corridor sah er Niemanden, und statt zu der Loge des Portiers, wendete er sich einer Glasthüre zu, durch die sich ihm eine herrliche Aussicht über die Wipfel des Parkes darbot. Als er die Thüre nicht verschlossen fand, trat er auf die Terasse hinaus, setzte seinen dreieckigen Hut wieder auf und stieg, etwas ängstlich nach den Hunden umblickend, die hintere Treppe nach dem Garten hinunter.

Tief athmete er auf, als er sich nunmehr zwischen der beschnittenen Taxushecke allein fand. Die Augen auf den Kiesweg vor sich gerichtet, schritt er dahin, indem er sein Verhalten ernstlich prüfte, ob er denn auch dem Gebote, klug zu sein wie die Schlangen und ohne Falsch wie die Tauben, wirklich in beiden Theilen gerecht geworden sei? Was er zugesagt hatte, war nicht gegen sein Gewissen, aber es kränkte ihn, daß von der Hauptsache, in welchem Geiste er sein Amt verwalten wolle, gar nicht die Rede gewesen war. „Ich will bei der Tafel meinen Muth zu= sammennehmen," beschloß er für sich, „und den gnädigen Junker davon überzeugen, daß ich meinen Schafen nicht nur die Weide, sondern auch den Wolf zeigen und dem Teufel in jeder Gestalt kräftig zu Leibe gehen werde." Sofort dachte er sich einige wirksame Ansprachen aus, und nachdem er einmal warm geworden war, konnte er die ihm bestimmte Stunde des Abendessens kaum mehr abwarten, um seinen Fehler wieder gut zu machen.

Als er die Treppe emporgestiegen war und in den Flur hineintrat, fiel ihm auf, daß der Portier ihm den Rücken kehrte und scheinbar aufmerksam in die von der Abendsonne beglänzte Ebene hinaus= schaute.

„Durch welche Thüre soll ich eintreten, Herr Haushofmeister?" fragte Timotheus bescheiden.

„Durch welche Ihr wollt," erwiderte der Lakai mürrisch, ohne umzuschauen. „Ihr getrautet Euch ja doch vorhin ohne mich den rechten Weg zu finden."

„Habe ich Euch beleidigt, Herr," sagte Timotheus gutmüthig, „so verzeiht mir. Es war nicht meine Absicht."

„Wer gut schmiert, fährt gut," erwiderte der Portier. „Nun seht, wie weit Ihr kommt ohne meine Hülfe."

Da der Zürnende nicht geneigt schien, ihn zu melden, so wandte der Candidat ihm schließlich den Rücken und schritt auf die Thüre zu, durch welche er früher mit dem Junker eingetreten war. Bescheiden öffnete er dieselbe und befand sich wieder in demselben Empfangszimmer, dessen geschnörkelte Möbel und gemalte Wände er bereits kannte. Die üppigen Wandmalereien traten jetzt noch frecher hervor, da die tiefer stehende Sonne ihre Strahlen direct auf sie versendete. Die Rosengeflechte glühten fast wie natürliche Blumen, und die Schäferinnen und Nymphen winkten dem guten Timotheus gleich den Teufelinnen der Frau Holde. Der fromme Magister aber wendete den Blick ab und schaute durch die fast bis zum Boden herabreichenden hohen Fenster hinaus in die Abendsonne, die die Waldwipfel violett färbte und auf die lichte Ebene, die im Goldglanze vor seinen Augen schwamm. Da hörte er im Nebenzimmer eine flüsternde Stimme und unterdrücktes Schluchzen. „Sei klug, Fränzel," sagte der Baron halblaut. „Einmal muß es ja doch sein, und so bleiben wir doch wenigstens beisammen."

Der Candidat klappte nun kräftig mit der Thürklinke, um sich bemerkbar zu machen, denn er wollte keine Geheimnisse des gnädigen Herrn belauschen, die nicht für seine Ohren bestimmt waren. Man schrak

drinnen zusammen. Er hörte, wie ein leichter Frauen=
schritt sich rasch entfernte. „Ist Jemand hier?" rief
dann die herrische Stimme des Barons. Der Magister
trat zu der offenen Thüre und verneigte sich tief
vor dem gnädigen Herrn, der ihm mit etwas ver=
drießlichem Gesichte entgegenkam. „Setze Er sich,"
sagte er dann herablassend. „Wir wollen Sein An=
liegen überlegen. Ich habe Seine Zeugnisse geprüft
und nichts gegen sie einzuwenden, obwohl ich die
Federfuchser sonst nicht leiden mag." Mit diesen
Worten gab er Timotheus seine Papiere zurück, die
dieser sorglich in seiner Tasche barg.

„Er scheint bisher mehr Schulmeister als Pfarrer
gewesen zu sein, hä?" fuhr der Gutsherr fort.

„Da der Schuldienst die Hauptobliegenheit der
zweiten Pfarrstelle zu Sandau ist," erwiderte Timo=
theus, „hielt ich mich durch meine Thätigkeit als In=
formator zu dieser Aufgabe für wohl vorbereitet.
Der Gottesgelahrtheit vergab ich durch diese Stu=
dien nichts, denn ich weiß, daß so edle Heiden
wie der begeisterte Pindar und der erleuchtete
Plato auch etwas von dem göttlichen Geiste in sich
tragen, wie ja schon die Kirchenväter von einer theil=
weisen Ausgießung des Logos über die Heidenwelt
reden."

„Bleibe Er mir mit seinem gelehrten Krimskrams
vom Leibe," sagte der Junker. „Mir ist die Haupt=
sache, daß Er seine Bauern in Zucht hält, damit der
Holzfrevel aufhöre und die Halunken meine Felder

nicht nächtlicher Weile abmähen, keine Hasenschlingen legen u. s. w. Versteht Er?"

„Das Gebot: Du sollst nicht stehlen," sagte Timotheus, „ist ein Theil des göttlichen Gesetzes, das ich mit Eifer von der Kanzel und in der Schule treiben werde." Dann aber fuhr er fort: „Wenn nur die großen Herren die anderen Gebote auch vor Augen und im Herzen halten wollten." Der Candidat war selbst betroffen über den starken Ausfall, den er da gemacht hatte: aber der Baron lachte und sagte: „Er meint das Gebot: Laß Dich nicht erwischen!' Ja, ja, Er ist ein Vocativus, wie ich sehe! Doch wo bleibt der Wein? He, holla, Fränzchen! Wein bringen!"

In der Nebenstube regte es sich. Man hörte Gläser klirren. Unter der Thüre erschien eine üppige Schöne, keck gekleidet. Der geblümte Rock war unter den Hüften weit aufgebauscht, so daß der schöne Wuchs sich um so reizender heraushob, die Haare waren hoch auffrisirt und ein Schönheitspfläs;terchen klebte an der runden Wange. Das rosa Kleid unter dem geblümten Ueberwurfe bezeugte dem Candidaten, daß er dieselbe Schöne vor sich habe, die er bei seinem Eintritt in das Schloß durch die Büsche hatte huschen sehen. Aber ihre Augen waren von Weinen geschwollen und ihr Gesicht erhitzt von innerer Erregung. Mit niedergeschlagenen Blicken, die das Auge des Candidaten vermieden, stellte sie zwei Gläser und eine Kanne auf den Tisch, aus der sie einen klaren, dunkelgelben Wein einschenkte. Des

Candidaten Augen hafteten unwillkürlich auf der schönen Erscheinung und als sie der Thüre zuschritt, folgte er der stattlichen Gestalt mit den Augen. Der Junker aber ergriff das Glas und stieß mit dem Candidaten an. „Mein Lakai gefällt ihm, wie ich sehe," sagte er mit rohem Lachen.

Timotheus erröthete, trank einen tüchtigen Zug aus seinem Glase, um die bösen Geister zu ver= scheuchen, und sagte dann: „Ew. Gnaden suchen doch gewiß einen Pfarrer, damit in der Gemeinde, die Dero Fürsorge befohlen ist, alles ehrbar und gott= selig zugehe. Wenn ich die Pfarre durch die Gnade des hohen Herrn Patrons erhalten sollte, so wird es mein ganzes Bestreben sein, durch mein eigenes Familienleben im Pfarrhaus Städtern und Bauern ein gutes Beispiel vor Augen zu stellen."

„Na, da kommen wir der Sache schon näher," sagte der Junker, indem er das Glas des Candidaten neu auffüllte. „Auch ich will keinen unverheiratheten Pfarrer auf meiner Pfarre, der den Burschen ins Gehege kommt. Wer die Pfarre haben will, hat das Fränzchen zu heirathen. Ich hab's ihr ver= sprochen. So ist's von Alters her bei uns gehalten worden. Wir haben alte treue Dienstboten von jeher auf diese Weise versorgt. Die Diener werden Einnehmer, Wegaufseher, Forstgehülfen, Castellane und ihre Töchter heirathen die Pfarrer und Schullehrer."

„Ew. Gnaden werden aber doch nicht meinen, daß sich aus abgedankten Kammermädchen im Handumdrehen ehr=

bare Pfarrfrauen machen lassen," fuhr nun Timotheus heraus. „Das kann Ew. Gnaden Ernst nicht sein!" Die Ader auf der Stirne des Junkers schwoll dick auf, und er richtete seine roth unterlaufenen stieren Augen mit einem bösen Ausdruck auf den frechen Bettler, der in solchem Tone zu ihm zu reden wagte. „Hüte Er seine Zunge," sagte er grollend, „wenn Er nicht die Schloßtreppe hinabfliegen will. Was? Ein Hungerleider wie Er, bei dem eine Frau kaum das trockene Brot haben wird, wagt noch An= sprüche zu machen? Er hat ja die zukünftige Pfarrerin von Sandau soeben gesehen. Ist sie nicht eine saubere, wohl conservirte Person? Und statt mit allen zehn Fingern zuzugreifen, macht Er noch Flausen und großmäulige Redensarten?"

Timotheus erhob sich. „Ew. Gnaden entschuldigen," sagte er in kühlem Tone. „Auch ich weiß, welche Egards man einem hohen Patrone schuldig ist; aber es war mir unbekannt, daß schon eine Pastorin für die erledigte Stelle bereit gestellt ist, sonst würde ich Ew. Gnaden nicht gebeten haben, mich zu favorisiren. Ich bin bereits durch Verspruch mit einer tugend= samen Jungfrau verlobt und gedenke nicht, meiner trefflichen Sophie untreu zu werden, würde aber auch sonst nicht geneigt sein, eine Gefallene zu heirathen, die auf das Armensünderbänkchen gehört und nicht in den Pfarrstuhl."

Das Angesicht des Junkers färbte sich bei diesen Worten dunkelblau. „Was, was . . ." röchelte er.

„Du Canaille, Du Klumpen Hungertuch, Du . . ." Dabei fühlte Timotheus sich von einem riesenstarken Arme an der Brust gefaßt. Die Thüre ging auf, und in großem Bogen flog der Candidat, immer den Hut unter dem Arm, in den Hausflur hinaus. Dann hörte er rufen: „Hector, Sultan, wo seid ihr, hierher, hetz! faß." Das brachte den Strauchelnden rasch wieder auf die Beine. Er stülpte seinen dreieckigen Hut auf das Haupt und eilte, so schnell ihn seine Füße trugen, an dem laut lachenden und höhnenden Portier vor= über. Immer drei Stufen der Treppe nehmend, entrann er in großen Sätzen ins Freie und ohne den aufspritzenden Schmutz des nassen Weges zu achten, entfloh er aus dem Garten, dessen Thor er fest hinter sich zuschloß. Denn bereits hörte er in der Ferne das hohle Kläffen der beiden Hunde und be= schleunigte darum seine Flucht, um nicht von den Bestien zerrissen zu werden. Als er im Vorüber= jagen eine Latte los an dem verwahrlosten Zaune hängen sah, hielt er einen Augenblick inne und riß sie herab. So konnte er sich die Thiere wenigstens eine Weile vom Leibe halten. Jetzt hörte er sie bereits am Thore lärmen. Zum Glücke öffnete ihnen Niemand, so daß Timotheus etwas beruhigter, wenn auch immer noch so eilig, wie er nur irgend vermochte, seinen Weg fortsetzte. Als er die häßlichen Laute nicht mehr vernahm, hielt er still, um seine durch die Mißhandlung im Schlosse in Unordnung gerathene Kleidung wieder zurecht zu rücken. Nachdem er seine

3*

improvisirte Waffe von sich geworfen, strich er seinen
Rock glatt, zog die Schnallen an den Knieen gerade
und besserte sorglich die Knüllen seines dreieckigen
Hutes aus, wobei seine Entrüstung sich in einem
lauten Selbstgespräche Luft machte. „Das also sind
die Hirten, denen die Schafe vertraut sind," sagte er
mit einem Seufzer. „Solche Unbill muß sich ein
armer Diener am Worte gefallen lassen. Aber wäre
es nicht meine Pflicht, nach der Residenz zu gehen
und dem Fürsten zu berichten, wie die Pfründen in
seiner nächsten Nähe vergeben werden? Freilich, wer
weiß, Seine Durchlaucht meinten am Ende, Einer,
der sechs Fuß einen Zoll hoch ist, eignete sich besser
zum Flügelmann seiner langen Kerle als in das
Haus des Herrn. Oh Gott," seufzte er, „welche harte
Wanderschaft hast Du Deinen Knechten auferlegt!
‚Ziehend durch das Thränenthal machen sie es
quellenreich,‘ sagt der Psalmist. Die ganze Erde ist
getränkt mit Zähren der Unglücklichen. Das Blut
und der Schweiß der Schwachen hat sie fruchtbar
gemacht, damit die Fetten sich mästen. Komm, lieber
jüngster Tag! Komm, du unser wahrer Trost! Wie
lange, arme Sophie, wirst Du nun noch die Launen
Deiner Herrschaft tragen müssen und Dein Brot mit
Thränen salzen?"

In so trüber Stimmung schritt der mißhandelte
Timotheus seine Straße fürbaß, über die die Bäume
am Wege lange Schatten warfen, denn die Sonne
war am Versinken, die Vögel lärmten und zankten

noch einmal in dem nahen Busch, und aus dem
Gesträuppe hörte der Candidat den lauten Lockruf der
Fasanen, die der Junker hegte. Plötzlich schlug ein
anderer Laut an sein Ohr. Einen Augenblick noch
hoffte er, er habe falsch gehört, aber da jagte es
schon heran. Die beiden Bulldoggen mußten einen
Ausgang aus dem Garten gefunden haben und
hielten auf seiner Spur. Er fing sofort an wieder
zu laufen, so rasch er nur konnte. Aber es war eitle
Mühe. Schon hörte er hinter sich ihr Schnaufen
und ihre gewaltigen Sätze. Als er erschöpft innehielt,
gefaßt den Tod unter den Bissen der Bestien zu er-
leiden, sah er hart am Wege eine Kiefer, deren Aeste
weit genug herunter reichten, um sie zu erklettern.
Ohne Zögern ergriff der Geängstete den nächsten
Zweig und schwang sich empor. Es war auch die
höchste Zeit. Denn in gleichem Augenblick hatten die
Unholde den Baum erreicht und rannten, während
er eifrig aufwärts kletterte, hohl bellend um den
Stamm. Dann erst versuchten sie durch Anspringen
ihn zu erreichen. Er aber stieg weiter aufwärts, wo
er geborgen war. Nur sein Hut, der ihm dabei entfiel, ward eine Beute der Ungethüme, indem diese
den unglücklichen Dreispitz mit den Zähnen ergriffen,
ihn sich gegenseitig aus den Mäulern zerrten und
endlich zerrissen liegen ließen, worauf sie wieder die
Hälse nach oben reckten, um zu kläffen. So schwebte
der Candidat zwischen Himmel und Erde, und unten
heulte die Hölle. Plötzlich aber wurden die beiden

Thiere still, und in der Ferne hörte Timotheus helles
Pferdegetrappel. Bald kam auch ein Reiter in Sicht,
der ein lediges Pferd am Zügel neben sich laufen ließ.
„Hoho, was geht da vor?“ rief er. „Wer wagt
es hier, die Leute mit Hunden zu hetzen?“ Als der
Rufende näher kam, ließen die Bestien vom Baume
ab und umsprangen die beiden Pferde, die sich ge=
ängstet aufbäumten. Sofort war der Reiter mit
einem Sprunge von dem Rücken seines Rosses unten
auf der Erde. Mit der Linken hielt er die Zügel,
mit der Rechten riß er den Pallasch aus der Scheide
und traf einen der Köter so empfindlich an der
Schnauze, daß derselbe heulend zurückwich. „Steigt
herab und haltet die Pferde,“ rief der Soldat, an
welchem der Candidat nun die Uniform der Dragoner
erkannte. „Ich werde Euch die Hunde schon vom
Leibe halten.“ Erst zögernd, dann mit raschem Ent=
schluß verließ Timotheus sein sicheres Asyl und
sprang mit einem Satze zu den Pferden, deren Zügel
er packte. Die Köter waren bereits wieder im An=
springen; nun aber, da er beide Arme frei hatte,
traf der Soldat den einen mit einem so schweren
Hiebe auf den Schädel, daß er winselnd an der Erde
liegen blieb, und sein Genosse das Weite suchte.
„Besteigt rasch den Rappen,“ befahl der Dragoner,
„ehe sie sich abermals auf Euch stürzen.“ Timotheus
ließ sich das nicht zwei Mal sagen. Rasch schwang
er sich in den Sattel, während sein Retter langsam
den Pallasch einsteckte und dann gleichfalls aufsaß.

Die aufgeregten Pferde setzten sich von selbst in Trab, und ohne ein Wort zu wechseln, sprengten die beiden Reiter dem Walde zu, dessen nächtliche Dämmerung sie aufnahm, während in ihrem Rücken der Abend= schein verglühte. Jetzt erst parirte der Dragoner, an dessen Uniform Timotheus inzwischen die Abzeichen eines Wachtmeisters erkannt hatte, seinen Schimmel, und fragte den Candidaten, wie er in diese gefährliche Lage gekommen sei? Auch Timotheus hatte inzwischen Zeit gefunden, seinen Retter näher zu mustern. Für einen Wachtmeister sah derselbe sehr gut aus. Sein dreieckiger Hut saß keck auf dem wohl gepuderten Haare, das hinten in einen festen Zopf geflochten war. Die schwarzen Augenbrauen bildeten einen merkwürdigen Contrast zu den gepuderten Locken, und kluge, herrisch blickende Augen verliehen dem Gesichte etwas Gebieterisches. Mit kurzen Worten erzählte der Candidat seine unglückliche Bewerbung auf dem Schlosse, wobei er aus Scham und Ehrgefühl nicht einmal alle Ungebühr erwähnte, die ihm in Wort und That zugefügt worden war. „So ist es eben in der Welt, lieber Herr," schloß er seine Erzählung. „Der Welt Losung heißt, bücke Dich, krieche, küsse den Mächtigen die Stiefel, bis Du Dich so weit hinaufgeschlängelt hast, daß Du selbst wieder den Leuten auf die Köpfe spucken kannst. So war es, so ist es, und so wird es sein."

„Darum lobe ich mir meinen Stand," erwiderte der Wachtmeister. „Ich darf kerzengerade stehen vor

— 40 —

Excellenzen und Majestäten. Jeder respectirt des Fürsten Rock, und wenn ich meinen Dienst richtig besorge, brauche ich Niemanden um den Bart zu gehen und habe keine Schweifwedeleien nöthig."

„Nun, sie werden Euch auch schulriegeln und curanzen, so gut wie uns Andere," meinte der Theologe.

„Glaubt das nicht, Hochwürden," sagte der Wacht= meister. „Ein Jahr wird man wohl gedrillt, hat man aber erst einmal die Klunker am Hut, so braucht der Junker unsereinen nöthiger, als wir ihn. Wir sind es ja, die ihm die Recruten zurichten und für Alles sorgen. Wir verstehen, was er selbst erst lernen muß; das macht den Fähnrich und Lieutenant so manierlich gegen unsereinen. Setzt es dann ein Mal ein Donnerwetter vom Hauptmann, so ist das auch nicht schlimm. Hat er sich ausgetobt, so schenkt er mir am andern Tage um so sicherer ein Päckchen Tobak. Mir ist's wohl in meinem Rock und mit keinem Menschen auf der Welt wollte ich tauschen."

Der Candidat wurde still und nachdenklich. So gab es also doch noch Leute, die zufrieden waren in diesem Jammerthale? Sollte es wirklich ein leichteres Loos sein, Recruten zu drillen als die Kinder der Edelleute zu erziehen und auf eine Pfarre zu warten, die doch immer wieder einem minder Würdigen zu= fällt? Gereichte es ihm nicht zum Vorwurfe, daß dieser schlichte Soldat seines harten Berufs sich freute, während er die Lasten nicht tragen wollte, die mit dem seinen verbunden waren?

Die Nacht war inzwischen hereingebrochen, und die beiden Reiter kamen der Stadt näher. Timotheus wollte absteigen und mit vielem Danke dem braven Soldaten Lebewohl sagen. Dieser aber erwiderte treuherzig: „Nicht Ihr habt mir, sondern ich habe Euch zu danken. So neben einander laufen die Thiere gut; so oft ich aber den Rappen am Halfter habe, bockt bald die eine, bald die andere Mähre und wer weiß, wie weit ich jetzt wäre ohne Eure Gesellschaft! Wollt Ihr aber Euern Dienst voll= ständig machen, so reitet mir den Rappen noch an die Stallthüre; es ist verflucht schwierig, das Thor vom Pferde aus zu öffnen und dann den schmalen Eingang zu passiren, wenn sie beide nach der Krippe drängen. Fast jedesmal stößt mir mein Gaul das Knie an dem Thürpfosten wund.“ Mit Freuden war der Candidat zu diesem kleinen Dienste erbötig, zufrieden, daß er sich so seinem Retter gefällig er= weisen könne. Bei der Thorwache ließ der Wacht= meister ihn halten und ritt dann etwas zur Seite, wo er leise mit dem Gefreiten redete, der die Wache befehligte. Timotheus wußte nicht, warum ihm der Blick auffiel, den dieser dabei nach ihm herübersendete. Es lag etwas wie boshafte Schadenfreude darin, so daß er sich im Sattel aufrichtete in der Meinung, der alte Soldat mache sich über den Sonntagsreiter lustig. „So,“ sagte der Wachtmeister, während der Gefreite rasch in das Wachtlokal trat, „kommt, Hoch= würden! Ich habe gesorgt, daß sie mir die Stallthüre aufthun." Damit ritt er an der Stadtmauer hin bis ein Thor sich zeigte, unter welchem ein Dragoner im Stallkittel stand und, die Laterne in der Hand, den Wachtmeister militärisch grüßte. Wiederum wollte Timotheus absteigen, da ein unbestimmtes Gefühl ihn warnte, die Kaserne zu betreten. Aber nunmehr drängten die Pferde selbst durch die offene Thüre, die der Soldat alsbald hinter ihnen fest verschloß. Bei dem Scheine der Stalllaterne schwang sich der Wachtmeister gewandt von seinem Rappen und half dann auch Timotheus aus dem Sattel, da des Candidaten Beine steif geworden waren von ihrer ungewohnten Lage. „Kommt nur," sagte er dann zu Timotheus, indem er dem Soldaten die Zügel zuwarf. „Wir gehen vorn heraus, vorher aber müßt Ihr auf meiner Stube Kommißbrot versuchen und einen Krug Bier trinken. Inzwischen lasse ich Euch einen Hut holen, denn ohne Hut werdet Ihr Euch doch wohl nicht in der fremden Stadt herumfragen wollen?" Dagegen war nun auch nichts zu erinnern, und wenngleich mit einigem Unbehagen folgte Timotheus seinem neuen Freunde auf einen Gang, an welchem, wie die geöffneten Thüren zeigten, die Schlafsäle der Soldaten lagen. Nachdem sie dann noch rechts und links sich gewendet, auch einige Treppen emporgestiegen waren, trat der Wachtmeister in eine Stube, in der zwei Betten standen. Es war ein ziemlich geräumiges Zimmer, die zwei Fenster gingen nach dem Kasernenhofe, auf dem etliche Laternen

brannten. Der Wachtmeister aber klopfte auf den
Tisch, worauf ein Recrut eintrat, der auf einem
Brette zwei große Krüge Bier und Brot mit Butter
herbeibrachte. „Stoßen wir an auf Euere Rettung
von den Hunden," sagte der Wachtmeister. „Waren
zwei ganz verfluchte Köter. Aber ich hab's ihnen
tüchtig heimgezahlt. Der Baron wird den Hunde=
doctor nöthig haben, um sie von meinen Hieben zu
curiren. Auf Euer Wohl!"

„Und auf das Euere," erwiderte der Candidat.
Darauf leerte der Wachtmeister mit einem Zuge die
Hälfte seines Kruges, und Timotheus, der an Höf=
lichkeit nicht zurückbleiben wollte, that das Gleiche,
obwohl er fühlte, daß das Braunbier stark sei und
einen seltsamen Geschmack habe. Auch ein Butterbrot
nahm er an und lobte die gute Gottesgabe, worauf
sein Genosse wieder seine Lage herausstrich und ver=
sicherte, daß er noch keinen Augenblick seines Lebens
bereut habe, Soldat geworden zu sein. „Also stoßen
wir an auf unseren allergnädigsten Herrn, den größten
Soldatenfreund in ganz Europa."

„Da muß ich wohl trinken," erwiderte der Can=
didat, „obwohl Euer Doppelbier stark ist und mir
gewaltig ins Blut geht." Mit schwerer Hand erhob
er seinen Krug und trank ihn leer. Der Wachtmeister
aber sagte: „So, nun will ich Euere Kopfweite messen,
damit wir Euch einen richtigen Dreimaster besorgen,
der Euch nicht über die Augen fällt." Dabei nahm
er von der Wand einen Meßriemen und legte ihn

dem Candidaten um die Stirne, während diesem die
Augen bereits vor Müdigkeit zufielen. „Laßt sehen,
ob Ihr die Breite hättet für die Leibcompagnie."
Willenlos ließ Timotheus auch das geschehen. So
maß der Wachtmeister die Brustweite und die Länge
des Oberkörpers und sagte: „Einen famosen Flügel=
mann würdet Ihr abgeben. Schade, daß Ihr ein
Pfaffe seid. Doch jetzt will ich Euch einen Hut
schaffen."

Damit ging der Soldat hinaus, und der Candidat
blieb allein in der fremden Stube. Er fand es
dumpf und heiß, und die Müdigkeit wollte ihn fast
überwältigen. Als er das mit Eisenstäben vergitterte
Fenster geöffnet hatte, sah er unten den leeren Kasernen=
hof, um den rings die hell erleuchteten Zimmer der
Kaserne glänzten. Aber die frische Luft machte ihm
einen unerklärlichen Schwindel. Er fühlte, wie seine
Beine schwer wurden, und tastete sich zu seinem Stuhle
zurück, legte den Kopf auf den Tisch, und in wenigen
Minuten war er fest eingeschlafen.

Als Timotheus am andern Morgen erwachte,
war es schon hell, doch konnte er sich nicht gleich besinnen,
wie er in den fremden Raum gekommen sei. Er lag
in einem harten und etwas schmalen Bette, und ein
warmes Federkissen, mit dem er zugedeckt war, klebte
ihm am Leibe. Allmälig ermunterte er sich, und nun
erkannte er die Stube, in der er gestern mit dem
Wachtmeister gegessen und getrunken hatte. Die beiden
Krüge standen noch auf dem Tische; der eine, glatte,

war der des Wachtmeisters, der gerippte mit dem
blauen Deckel der seine. Er schaute nach dem andern
Bett, ob sein Gefährte, der ihn ohne Zweifel hatte
ausschlafen lassen, dort noch der Ruhe pflege. Auf
dem Stuhle neben dem Bette lag allerdings eine
Montur, auch ein Paar blank geputzter Stiefel standen
an der Erde, aber das Bett selbst war unberührt.
Timotheus war das seltsam, doch dachte er, er werde
eben abwarten müssen, bis sein Gastfreund Zeit habe,
nach ihm zu sehen. Inzwischen wollte er sich an=
kleiden, aber als er sich aus seinem Bette hervor=
gearbeitet hatte, fehlten seine sämmtlichen Kleider,
Wollstrümpfe und Schnallenschuhe nicht ausgenommen.
Er wußte nicht, warum ihn das so erschreckte, daß
sein Herz klopfte. Sie standen ja natürlich vor der
Stubenthüre, oder würden ihm gebracht werden.
Dennoch sprang er mit einer gewissen Hast nach der
Thüre. Aber diese war verschlossen. Vergeblich
klopfte und lärmte er, es kam Niemand. Als er
unten einen Soldaten über den Hof gehen sah, riß
er rasch das Fenster auf, um denselben anzurufen.
Der Mann ging weiter, ohne seinen Zuruf zu be=
achten. Nur von dem Fenster gegenüber antwortete
ein lautes Gelächter. Drei Soldaten putzten dort
ihre Flinten und schauten spottend herüber. Einer
tippte mit dem Finger an die Stirne, der andere
legte beide Hände an den Kopf und machte Esels=
ohren. Da fiel es ihm plötzlich wie Schuppen von
den Augen. Er war in eine Falle gegangen. Sie

hatten ihn zum Soldaten gepreßt. Eine Weile stand er wie betäubt, dann entrang sich ein tiefes Stöhnen seiner Brust. Hier war kein Entkommen, das wußte er. „Oh, meine arme, arme Sophie," seufzte er. Aber noch war ja ·nicht Alles verloren. Er hatte kein Handgeld empfangen, keinen Fahneneid geleistet. Keine Gewalt der Welt sollte ihn dazu bringen, sich gegen seinen Willen zu verpflichten. „Hier bleibe ich liegen," sagte er, „und stehe nicht auf, bis sie mir wieder meine Kleider und meine Papiere geben, und dann will ich doch sehen, wie weit sie ihre Brutali= täten treiben." Damit kroch er in sein Bett zurück und wartete der Dinge, die da kommen sollten. Aber man schien ihn vergessen zu haben, denn es verstrich eine Stunde nach der andern, ohne daß Jemand nach ihm sah. Endlich, es mochte nahezu gegen Mittag sein, wurden draußen Schritte laut. Das Aufstampfen der Füße und das Klirren der Gewehre bewies, daß draußen eine Wache aufziehe. Die Thüre ward auf= geschlossen, Timotheus setzte sich in seinem Bette auf und sah einen alten Corporal mit rothem Gesichte und langem weißem Schnauzbarte in der Uniform der Gardegrenadiere eintreten. Der Mensch hatte ein widriges, rohes Aussehen, und seine Augen gingen unruhig von einer Ecke zur andern. „Hoho," sagte er scheinbar verwundert, „noch nicht aufgestanden? Dieses Faullenzerleben wird man Ihm abgewöhnen, Kerl."

„Hätte ich meine Kleider," erwiderte Timotheus ent= rüstet, „so wäre ich schon längst da, wohin ich gehöre."

„Schlafhaube," unterbrach ihn der Corporal, in= dem er mit seinem Stocke fuchtelte, „hat Er keine Augen im Kopfe? Hier liegt ja seine Montur! Will Er sie wohl endlich anthun? Er soll mit nach dem Depot."

„Ich weise die Uniform zurück. Meine bürger= lichen Kleider will ich haben, die ich gestern hierher brachte. Ich bin nicht Soldat und habe niemals versprochen, es zu werden."

„Schock Schwerenoth," schrie der Corporal. Ich frage Ihn zum letzten Mal, ob Er sich ankleiden will, oder ob ich Ihn durch den Profoß soll ankleiden lassen, nachdem er erst fünfundzwanzig erhalten hat?"

Timotheus, fest entschlossen, das äußerste zu ver= suchen, legte sich ruhig in sein Bett zurück.

„Das ist ja ein ganz eingeteufelter Höllenhund," brüllte der Corporal und drehte sich nach der Thüre. „Stellt einmal Euere Gewehre bei Seite, Leute und helft dem Kerl beim Ankleiden. Wenn er muckt, so soll er meinen Stock kosten. Das wird ihm schon Beine machen." Das Klirren der Gewehre zeigte, daß der Befehl vollzogen ward, und alsbald erschienen zwei stämmige Grenadiere mit erhitzten verlegenen Gesichtern unter der Thüre. Der Eine winkte mit den Augen, als ob er Timotheus warnen wolle, seinen Widerstand weiter zu treiben.

„Ich weiche der Gewalt," sagte der Candidat, „aber ich nehme diese Leute zu Zeugen, daß ich die Montur nicht freiwillig angelegt habe, so wenig ich dem Elenden, der mich gestern hierher lockte und durch vergiftetes Bier betäubte, Handgeld abnahm oder ein Gelübde gab."

„Er wird noch viel wissen, was Er gestern im Rausche geredet hat," sagte der Corporal. „Auf einem herrschaftlichen Gaul sitzen und in der Kaserne trinken und übernachten, ist auch ein Handgeld. Was braucht's da noch großer Faxen? Aber macht vorwärts. Was Ihr zu sagen habt, könnt Ihr dem Hauptmann beim Depot sagen. Mich kümmert's nicht."

Timotheus sah ein, daß weitere Worte hier verloren sein würden, und kleidete sich an. Der Wachtmeister hatte gut Maß genommen gestern Abend. Die Uniform saß wie angegossen. Auch die Interimsmütze hatte die richtige Kopfweite. „So, nun vorwärts," commandirte der Corporal. Die beiden Soldaten nahmen ihre Gewehre und traten, der Eine vor, der Andere hinter den Gefangenen. Der Corporal, seinen Stock in der Faust, folgte. So verließ die kleine Abtheilung die Dragonerkaserne, wo die Umherstehenden spöttisch, einige wohl auch mitleidig dem Eingefangenen nachschauten.

Immer den Corporal neben sich, die Soldaten hinter sich, wurde der neu Eingekleidete durch die leersten Straßen der Stadt geleitet, ohne daß Jemand dem Schauspiele besondere Beachtung geschenkt hätte. Als der Gefangene einmal nach der offenen Thüre eines vornehmen Hauses schielte, ob er vielleicht hier durch einen raschen Sprung ein Asyl erhaschen könne,

sagte der Corporal, der sofort seine Gedanken errieth:
„Brecht Ihr aus, so werdet Ihr niedergeschossen.
Das laßt Euch gesagt sein! — Gespaßt wird hier
nicht." Da stellte Timotheus den Tact im Gehen
wieder her und folgte zu der mitten in der Stadt
gelegenen Infanteriekaserne. Sobald sie im Thor=
weg angekommen waren, wurde Timotheus nach einer
Stube geführt, in welcher er ein Dutzend neu ange=
worbener Rekruten vorfand, die Bier tranken, Tabak
rauchten und lustig und guter Dinge schienen. Einer
hielt ihm seinen Krug hin und hieß ihn trinken.
Timotheus aber wendete ihm den Rücken, setzte sich
in eine Ecke, und während die fremden Burschen
über ihn lachten, überdachte er traurig seine Lage.
Was würden seine alten Eltern, was würde seine
treue Sophie sagen, wenn sie erfuhren, daß er sich
durch Leichtgläubigkeit und Unvorsichtigkeit für viele,
viele Jahre in Sklavenketten geschlagen habe? Ein
wilder Schmerz legte sich auf sein Herz und würgte
ihn im Halse, und doch konnte er nicht weinen, viel=
mehr nahm eine dumpfe Betäubung alle seine Sinne
gefangen. Er hörte, wie einer der Bursche nach dem
anderen in eine Nebenstube gerufen wurde, aus der
es dann wahrscheinlich sofort in die Soldatensäle
ging, denn keiner der Gerufenen kehrte wieder. End=
lich kam auch die Reihe an ihn. Der Corporal, der
ihn eingeliefert, hieß ihn folgen und führte ihn durch
eine leere Schreiberstube in ein größeres Zimmer,
wo ein langer Tisch stand, der mit allerlei Papieren

bedeckt war. Oben an demselben hatte ein Hauptmann Platz genommen, der in einem Actenbündel
blätterte, und neben demselben saß ein Auditeur, der
ein Blatt rasch beschrieb und es dann dem Officiere
zur Unterschrift hinschob. Als keiner der Beiden ihn
beachtete, nahm Timotheus selbst das Wort und
sagte: „Meine Herren! Ich bin nur hier, um gegen
das himmelschreiende . . . . ."

„Halt' Er sein Maul, bis Er gefragt wird," fuhr
der Hauptmann ihn an. Und sich zu dem Corporal
wendend, sagte er: „Wer ist der Kerl?"

„Candidat Timotheus, gestern eingebracht durch
Rittmeister von Scipio."

„Ah, der."

„Wie heißt Er?"

„Friedrich Timotheus, Candidat der Theologie
und Magister der" . . .

„Nur Seinen Namen will ich wissen, den übrigen
Firlefanz kann Er für sich behalten. Sein Alter?"

„Achtundzwanzig Jahre."

„Heimath?"

„Göhla, Kreis Braunfeld."

Der Hauptmann wendete sich zu dem Corporal
und winkte: „Abtreten."

„Ich verlange, daß mein Protest zu Protokoll
genommen werde, Herr Auditeur!" rief Timotheus
mit verzweifelter Stimme. Der Hauptmann fuhr
auf, aber nunmehr ließ der Candidat sich nicht mehr
überschreien. Wehklagend und leidenschaftlich erzählte

er, wie der Wachtmeister ihn in die Kaserne gelockt
und ihn betäubt habe. Kein Handgeld habe er ge=
nommen, kein Versprechen habe er gegeben. Die
Uniform habe er nur angethan, weil man ihm seine
Kleider weggenommen und der Corporal ihm gedroht
habe, ihn durch den Profoß mißhandeln und gewaltsam
ankleiden zu lassen.

Als er geendet, sahen die beiden Militärpersonen
sich etwas verlegen an. Dann sagte der Auditeur:
„Ich werde Euere Beschwerde zu Protokoll nehmen,
und der General wird über dieselbe befinden. Bis
dahin kann ich Euch nur rathen, daß Ihr Euch keine
Widerspenstigkeit zu Schulden kommen laßt."

„Ich verlange aber, sofort freigelassen zu werden!"
rief Timotheus weinend. „Ich bin nicht Unterthan
Seiner Durchlaucht. Ich habe alte Eltern, ich habe
eine Braut, ich bin Magister und nicht Soldat."

„Seid doch nicht kindisch, Mann," erwiderte der
Auditeur beschwichtigend. „Wir Beide hier haben
doch keine Vollmacht, Euch frei zu lassen, nachdem
Ihr Euch durch Euere dummen Streiche in diese
Lage gebracht habt. Was hattet Ihr hier zu suchen?
Wer hieß Euch Cavalleriegäule besteigen und in der
Caserne übernachten? Macht Euch selbst Vorwürfe
über Euern Leichtsinn. Ob Euere Einkleidung gültig
oder ungültig ist, darüber kann nur der General ent=
scheiden. Alles, was ich für Euch thun kann, ist,
daß ich ein genaues Protokoll aufnehme, das Ihr
dann unterzeichnen müßt." Das geschah denn, und

4*

nachdem Timotheus seinen Namen unter das Papier
gesetzt hatte, folgte er resignirt dem Sergeanten in
die Caserne, dort wurde er in einen Saal geführt,
in dem etwa dreißig Soldaten versammelt waren,
denen eben das Essen aufgetragen wurde. Mit dem
Letztangekommenen erhielt er gemeinsam eine große
Blechschüssel mit einer Brotsuppe, die sie zusammen
auslöffelten, während der Topf auf einem Schemel
zwischen ihren Knieen stand. Dann folgte eine Schüssel
mit Gemüse und etlichen Bissen Fleisch, und die
Mahlzeit war beendet. Nach einer kurzen Ruhepause
wies dann der Sergeant jedem der Neueingekleideten
den Nagel für seine Montur, seine Schublade und
sein Bett. Dann wurden sie in den Hof geführt, und
das Drillen nahm seinen Anfang.

Als der Abend endlich Ruhe brachte, war Timotheus so müde, daß er sofort, nachdem abgegessen
war, sich in sein Bett legte und in einen dumpfen
Schlaf verfiel, bis gegen Mitternacht sein Herzweh
und die ungewohnten Töne so vieler Schlafgenossen
ihn weckten. Nun hatte er Muße, seine Lage zu
überdenken. Noch immer hoffte er, nach der über-
zeugenden Darstellung des Unrechts, das an ihm
begangen worden, müsse der General seine Entlassung
verfügen. Ihm schien es unmöglich, daß vornehme
und hochgebildete Edelleute ein Verfahren gut heißen
könnten, das an die heimtückischen Listen italienischer
Banditen erinnerte. Beruhigt durch diese Zuversicht,
schlief er wieder ein, bis ein geblasenes Signal ihn

und die ganze Compagnie aus den Betten jagte. Vom
Schlaf erquickt, trat er mit etwas ruhigerem Gemüthe
den Dienst an, indem er sich sagte, daß auch körper=
liche Ausbildung ihm für die Zukunft nützlich sein
könne, wenn er nur nicht diese ganze Zukunft einem
zwecklosen Soldatenspiele opfern müsse. Schon um
den Mißhandlungen des Sergeanten zu entgehen,
nahm er alle seine Körper= und Geisteskräfte zu=
sammen. Er lernte marschiren und halten, rechts
kehren und links kehren, übte die Griffe und das
Zielen. Dabei hoffte er von einem Tag auf den
andern, einen Bescheid zu erhalten; aber auf alle
Anfragen bei seinem Gefreiten hieß es nur immer,
daß nichts für ihn eingegangen sei. Als Timotheus
endlich in Thränen ausbrach bei diesen ewigen Ab=
weisungen, sagte ihm der Vorgesetzte zum Trost, über
kurz oder lang werde der General selbst die Com=
pagnie visitiren, und Timotheus habe dann Gelegen=
heit, seine Beschwerden vorzutragen. Die Musterung
fand auch wirklich statt, aber der General kam so
wenig in seine Nähe, daß es absolut unmöglich war,
sich mit einer Bitte hervorzuwagen, auch wenn Timo=
theus den Muth dazu gefunden hätte.

Er sah nun ein, daß man ihn mit der Vertröstung
auf die Entscheidung des Generals lediglich zum
Besten gehabt habe. Den Casernensaal durfte er
nicht verlassen, und Stubengenossen, an die er sich
mit Aufträgen wenden wollte, wiesen ihn schroff zu=
rück. Gern hätte er seine frühere Dienstherrschaft

und andere Gönner brieflich um ihre Hülfe ersucht, vor Allem auch seiner Braut Nachricht über sein Verbleiben gegeben, aber der Corporal beantwortete seine Bitten um Schreibzeug mit den heftigsten Drohungen, so daß er einsah, in der Caserne werde er keinen Verbündeten finden. Da gab ihm der letzte Sonntag des Monats einen neuen Plan an die Hand. Zum ersten Male an diesem Tage verließ seine Compagnie die Caserne, da sie an der Reihe war, den Gottesdienst zu besuchen. In Reih und Glied mußte Timotheus mit ihr nach der Garnison= kirche marschiren und unter strenger Aufsicht der Predigt des Feldgeistlichen anwohnen. Da Timotheus in der hintersten Bank der kahlen Kirche saß, bekam er den Pastor erst zu sehen, als der Altardienst zu Ende war und derselbe die Kanzel betrat. Timotheus erinnerte sich, daß derselbe Marcus heiße und er ihm früher öfter begegnet sei. Hier trug er eine hohe Allongeperücke, deren Locken weit auf seine Schultern herabfielen und sein scharfgeschnittenes Profil vor= theilhaft heraushoben. Der dunkle Predigerrock ließ sein Gesicht bleich erscheinen. Seine Stimme war barsch, und er predigte, als ob er verhärtete Sünder vor sich habe, nicht Seelen, die des Trostes der Ver= heißung bedürften. Auch war der Inhalt nur eine militärische Instruction in geistlichen Ausdrücken. „Christus ist der Kriegsherr,“ führte der Prediger aus, „der Landesherr sein Generalissimus, den er dem Soldaten gesetzt hat. Der Gehorsam, der dem

Fürsten geleistet wird, wird darum Gott geleistet." Timotheus seufzte. „Wenn das die ganze Theologie meines Amtsbruders ist," dachte er, „so werde ich wenig Hülfe und Trost bei ihm finden." Als die Predigt zu Ende war, schlugen die bei der Thüre der Kirche aufgestellten Trommler einen Wirbel. Darauf gab Herr Marcus seinen Segen, und unter Trommelschlag verließ die Compagnie die Kirche und kehrte in die Caserne zurück. Immerhin war das eine Unterbrechung der ewigen Casernenhaft gewesen, und Timotheus hatte sich alle Straßen, die auf dem Wege nach rechts und nach links sich aufthaten, wohl gemerkt, um gegebenen Falls in der Stadt nicht ganz unbekannt zu sein, wenn einmal Kenntniß derselben ihm nützlich sein würde. Dabei war ihm ein neuer Gedanke gekommen. Der Feldprediger, wie geringe Sympathie er dem Gefangenen auch einflößte, war doch immer sein Amtsbruder, ein Diener am Wort so gut wie er. Vielleicht, daß Herr Marcus sich um der Ehre des Standes willen dagegen auflehnte, wenn die Werber ihre Menschenjagden auf Diener der Kirche ausdehnten. Sofort meldete er deshalb dem Gefreiten, er begehre den Beichtrath des Herrn Feldpredigers und bitte den hochwürdigen Herrn, ihm den Stand seines Gewissens darlegen zu dürfen. Der Gefreite nahm die Meldung lächelnd entgegen und versprach, sie an den Corporal gelangen zu lassen. Aber ein Bescheid kam nicht. Timotheus war bereits überzeugt, daß es mit dem Troste durch

den Feldprediger ebenso bestellt sei, wie mit der Be=
rufung an den General; da wurde er eines Tags
nach dem Exerciren durch den Feldwebel in eine
besondere Stube geführt, wo Herr Marcus in Amts=
tracht vor ihm stand. „Er hat verlangt, über das
Heil seiner Seele mit mir Rücksprache zu nehmen,"
sagte der Geistliche in strengem Tone, indem seine
harten dunkeln Augen Timotheus fest fixirten. „Ist
Er zur Erkenntniß seiner Sünden gekommen?"

„Hochwürdiger Herr!" erwiderte Timotheus. „Ich
bin ein armer Sünder, wie wir Alle, aber ich bin
auch ein candidatus reverendi ministerii, den man
mit Gewalt zum Soldaten gepreßt hat. Da wollte
ich Euer Hochwürden bitten, um der Ehre der Kirche
willen, eine solche Vergewaltigung eines ihrer Diener
nicht zu dulden."

„Das ist kein Anliegen Seines ewigen Heils,"
erwiderte der Feldprediger in strafendem Tone,
„sondern eine Sache Seiner zeitlichen Dienstbarkeit.
Ich dachte, Er wäre am Ende den Arianern oder
Schwenkfeldern in das Garn gerathen und wollte
nicht versäumen, dem Satan gegenüber die Hörner
Mosis aufzusetzen. Nun kommt Er mit der alten
Geschichte, mit der sie Alle kommen. Er hat mich
also getäuscht, indem Er mich wegen eines Beichtraths
hierher bemühte." Dabei zog Herr Marcus kaltblütig eine
silberne Tabaksdose aus der Weste und nahm eine Prise.

„Hochwürdiger Herr," erwiderte Timotheus in
flehendem Tone, „ich weiß nichts, was das Heil

meiner Seele, das Euch befohlen ist, mehr gefährdete als das Unrecht, das ich stündlich erdulde. Ich werde irre an den Menschen, an der Welt, an Gott. Helft mir, Herr, daß ich dieses Vertrauen wieder zurückerhalte, sonst falle ich in Desperation und Verzweiflung."

Der Feldprediger schwieg eine Weile. Dann aber sprach er noch unwirscher als vorher: „Er sagt, Er sei Theologus. Weiß Er nicht, daß geschrieben steht, ein Jeder bleibe in dem Stande, darin ihn Gott berufen hat . . ."

„Mein Stand ist der geistliche," rief Timotheus unwillig.

„Kerl, unterbreche Er mich nicht, oder ich lasse Ihn krumm schließen," donnerte Herr Marcus. „Die vornehmen Potentaten und Herrschaften brauchen Soldaten, um das gemeine Volk zu regieren, denn der Pöbel ist insgemein undankbar, frech, wild, un= beständig und wetterwendisch. Wie solche Soldaten zu gewinnen seien, darüber zu urtheilen, steht nicht uns zu. Unter allen Wissenschaften achte ich keine schwerer als die Fürstenweisheit oder Königskunst. Ob jede Einrichtung gut und heilsam sei, das bleibt den hohen Herren befohlen. Er aber hat der Obrig= keit zu gehorchen, die Gewalt über Ihn hat. Serenissimus steht für Ihn an Gottes Statt; darein schicke Er sich."

„Ich wollte Euer Hochwürden bitten," sagte Timotheus demüthig, „eine Supplik an Se. Durch=

laucht für mich aufzusetzen oder mir Gelegenheit zu
verschaffen, eine solche zu bestellen."

„Nichts da," rief der Geistliche. „Er glaubt
wohl, der gnädigste Herr bezahle mich dazu, daß ich
den Soldaten von der Fahne helfe? Ich bin da,
um Euch Kerlen Raison beizubringen, damit Ihr
Ordre parirt. Also lasse Er sich nicht beikommen,
mich wieder zu behelligen, wenn Er sonst nichts im
Kopfe hat, als solche Ausreißerpläne. Rechts um,
marsch!"

Timotheus warf dem würdigen Herrn noch einen
Blick zu, in dem so viel Verachtung und vorwurfs=
volle Trauer lag, daß selbst Herrn Marcus das
Blut in die Wangen schoß. Aber er wendete sich
nur unwillig ab, und Timotheus kehrte in bitterer
Enttäuschung in seinen Saal zurück; „dafür also,"
dachte er bei sich, „ist dieser Herr Amtsbruder be=
zahlt, daß er jede Schandthat der Großen rechtfertige.
Und diese Großen selbst, wozu sind die? Daß sie
uns Arme noch ärmer machen und die mit Reich=
thümern überschütten, die ohnehin schon reich sind.
Es stehet allewege schimpflich in dieser Welt," und
es gereute ihn fast, daß er diesem hochwürdigen
Priester sein Leid anvertraut hatte.

Dennoch schien die Unterredung nicht ganz ohne
Folge geblieben zu sein. Die Ausdauer, mit der
Timotheus seine Proteste erneuerte, ließ dem Haupt=
manne es wünschenswerth erscheinen, seine Lage etwas
zu bessern, um ihn dadurch vielleicht mit derselben

rascher auszusöhnen. Der eingefangene Candidat
wurde zu einer andern Abtheilung versetzt, die einen
minder groben Feldwebel hatte, und das brachte ihm
den Vortheil, eine vordere Stube beziehen zu dürfen,
deren Fenster zwar auch durch dicke Eisenstäbe ver=
wahrt waren, die aber auf das fröhliche Gewühl der
Straße hinausblicken ließen. Bisher hatte er auch
in seinen Erholungsstunden nur das Schauspiel vor
Augen gehabt, wie die andern Rekruten sich quälten
und gequält wurden, und er war dem Fenster aus=
gewichen, nur um die rohen Mißhandlungen da
unten nicht mit ansehen zu müssen; jetzt stand er oft
an seinem Gitter und ließ die bewegte Fluth froher
Spaziergänger und emsiger Geschäftsleute an sich
vorüberziehen. Freilich war das für ihn ein melan=
cholischer Anblick, aber er zerstreute ihn doch. Er
sah vornehme Damen, die in Sänften getragen wurden,
vergoldete Wagen mit stolz geschirrten Rossen, und
auf den Trittsteinen hastete eine geschäftige Menge
vorüber, so nahe, daß er ihre Gespräche ganz gut
vernehmen konnte. Bald merkte er auch, daß von
hier ein Austausch mit der Außenwelt möglich war.
Zwar Mannspersonen, die sich mit den Soldaten am
Fenster in längere Unterredungen einlassen wollten,
wies die Schildwache mit kurzen Worten ab. Minder
streng waren die Wachen aber gegen das schöne
Geschlecht. Hatte doch Jeder draußen sein Mädchen
und wünschte bei Gelegenheit mit ihr reden zu können
oder einige gute Brocken durch die Gitter zugesteckt

zu erhalten. Timotheus faßte sich darum ein Herz:
er rief die vorübergehenden Dienstmädchen an und
wollte der nächsten Besten den Auftrag geben, ihm
zu Schreibzeug zu verhelfen. Nachdem er einigen
vergeblich gewinkt und zugerufen hatte, blickte endlich
doch Eine zu ihm auf; als sie aber einen wildfremden
Soldaten am Fenster sah, wurde sie roth und ging
eilig weiter. Da seufzte Timotheus und wollte
bereits muthlos werden. Der Vorgang hatte sich
rasch abgespielt, aber er war nicht unbeachtet geblieben.
Eine vornehm gekleidete, hochgewachsene Dame hatte
seine Winke mit der Hand gesehen und den Soldaten
ins Auge gefaßt. Einen Moment hatte sie gezögert.
Dann aber überwand sie mit einem offenbaren Ent=
schlusse ihre Scheu. Sie trat vor das Fenster und
sagte: „Kann ich Euch in irgend etwas dienen, Herr
Magister Timotheus?" Als dieser seinen Namen
nennen hörte, schrak er freudig zusammen, aber das
Aufleuchten seiner Züge war sofort vorbei, da er in
der vornehmen Dame Niemanden anders vor sich
sah, als das Fränzchen des Herrn Baron, dessen
Begier, Pastorin zu werden, ihn so theuer zu stehen
gekommen war.

„Ihr zürnt mir, Herr Magister," sagte die Schöne
traurig. „Aber glaubt mir, ich habe viele Nächte
geweint, daß ich nun auch an diesem Unglück schuld
war. Wie gern hätte ich Euch gewarnt, aber ich
fand keine Gelegenheit. Der Werbeofficier lag dem
Herrn Baron schon Tags zuvor in den Ohren, er

solle Euch ausliefern. Er stelle Euch Euerer Größe
wegen schon lange nach, sagte er, und ich wußte, daß
Herr von Mucius auch versprochen hatte, falls er
Euch zum Pastor nicht brauchen könne, wolle er ihm
freie Hand lassen. Ich aber wollte Euch warnen,
sobald ich Euch unter vier Augen sprach. Aber es
ging Alles so schnell," sagte sie, und ein Lächeln
huschte über ihr Gesicht bei der Erinnerung, wie der
gute Candidat mit stäubendem Haarbeutel an ihr
vorübergeflogen war. „Ich wollte Euch einen Knecht
nachschicken," fuhr sie dann fort, „aber Herr von
Scipio muß schon zuvor die Absicht gehabt haben,
Euch dem Baron vor der Nase wegzufangen, denn
er war mit zwei Pferden in unserem Stalle eingekehrt.
Jetzt öffnete der Baron ihm selbst die Gartenthüre
und brachte auch die Hunde auf Euere Spur. Daß
der Rittmeister ihm seine Doggen so zurichten werde,
hatte Herr von Mucius freilich nicht gedacht, und
die Freundschaft zwischen den beiden ist über dem
verendeten Köter in die Brüche gegangen. Als der
Rittmeister am andern Tage kam und erzählte, wie
er Euch eingeheimst, warf ihm der Freiherr die ruinirten
Hunde vor, und darüber kamen sie so hintereinander,
daß der Rittmeister mit Verwünschungen davonritt."

Timotheus hatte bis dahin stumm zugehört und
selbst das nur widerwillig, da er mit der schlechten
Creatur nichts zu thun haben mochte. Aber jetzt
drängte sich doch der Ausruf auf seine Lippen: „Der
Wachtmeister also war ein verkappter Werbeofficier?"

„Gewiß," bestätigte das Mädchen eifrig, „ein
Rittmeister, der häufig bei dem Freiherrn einkehrt,
und leider seid Ihr nicht der Erste, den er von
unserem Schlosse ganz wie Euch in die Caserne
gelockt hat."

Ein bitterer Groll erhob sich bei diesen Worten
in dem Herzen des Candidaten. „Was hilft mich's
jetzt. Hättet Ihr mir's vorher gesagt!" rief er rauh.
„Ihr denkt schlecht von mir, Herr Magister,"
sagte das Mädchen mit Thränen in den Augen.
„Ich verdiene es ja auch. Aber Ihr wißt nicht, wie
viele Mittel ein Herr hat, unser Einen ins Verderben
zu stürzen, besonders wenn er den eigenen Vater
auf seine Seite gebracht. Das ist nun, wie es ist.
Aber könnte ich etwas für Euch thun?"

Vor den traurigen Worten des Mädchens hielt
der Groll des Candidaten nicht Stand. Er betrachtete
sie mit Mitleid, und der Zug von gutmüthiger Theil=
nahme in ihrem Gesichte und die schmerzlich bittenden
Augen rührten ihn. „Ich danke Euch, Demoiselle,"
sagte er milder. „Was ich jene fremde Magd bitten
wollte, kann und darf ich auch Euch bitten. Wollt
Ihr mir um des lieben Heilands willen, dessen
Gnade und Vergebung wir Alle bedürfen, Papier,
Feder und Tinte verschaffen, damit ich eine Eingabe
an den Fürsten und Briefe an meine Freunde
schreiben kann, um sie von meiner Lage in Kenntniß
zu setzen? Meine Gönner werden gewiß Alles thun,
um mich aus dieser unwürdigen Sklaverei zu befreien."

„Gern will ich das," sagte das Mädchen, offenbar erfreut, dem Armen, der wider ihren Willen ihr Opfer geworden war, einen Dienst leisten zu können. „Bleibet nur am Fenster; dort drüben ist ein Händler, der das Alles feil hat."

„Aber ich habe keinen Groschen," sagte der Soldat. „Mit meinen Kleidern haben sie auch mein Geld genommen, die Elenden."

„Darum grämt Euch nicht, Herr," sagte das Mädchen. „Die kleine Ausgabe ist nicht der Rede werth." Damit schritt sie eilig über die Straße, während Timotheus ihren Weg durch das Gedränge der Vorübergehenden verfolgte. Drüben sah er sie in einen kleinen Kramladen gehen, aus dem sie nach einer Weile, ein Paket in der Hand, wieder hervortrat. Bald stand sie aufs Neue unter dem Fenster und schob durch dessen Stäbe ihr Paket dem Soldaten hindurch, der sich in tausend Dankesworten erschöpfte.

„Aber, wie wollt Ihr Euere Briefe besorgen?" sagte sie dann.

„Durch eine gute Seele wie Euch, Demoiselle. Diesen Dienst, die Briefe zur Post zu tragen, wird mir Niemand verweigern."

„Wer weiß," gab das Mädchen zurück. „Nicht Alle haben den Muth, hier zu stehen und mit einem Soldaten zu reden. Sicherer ist es, ich hole die Sachen ab. Wie lange braucht Ihr, um Euere Briefe zu schreiben?"

Timotheus sagte: „Wenn ich nicht gestört werde, kann ich in längstens zwei Stunden fertig sein."

„Gut," erwiderte Fränzchen. „Dann bleibe ich so lange in der Stadt. Schlag fünf Uhr bin ich wieder hier. Dann werft Ihr mir die Briefe herunter, und ich trage sie zur Post."

Mit einem freundlichen Kopfnicken war die Hülfs= reiche verschwunden. Timotheus aber riß eifrig das Päckchen auf, das sie ihm gegeben hatte. Er fand Papier in großem und kleinem Format, ein Fläschchen Tinte und geschnittene Federn, selbst Oblaten und ein messingenes Petschaft mit dem Buchstaben „T" hatte sie nicht vergessen.

„Wie voreilig doch unser Urtheil ist," dachte Timotheus beschämt. „Auch dieser Maria Magdalena muß viel vergeben werden am Tage des Gerichts, denn ihr Herz ist empfindsam geblieben für die Noth ihrer Mitgeschöpfe. Sie hat gehört, wie herb ich über sie redete, und hätte allen Grund, mir zu zürnen, statt dessen sammelt sie Kohlen auf mein Haupt. Wahrlich, der Herr hat des Weibes Herz gut er= schaffen, wenn selbst solche Tyrannei es nicht zu verhärten vermag."

Bei dem schönen Wetter, das draußen über der Stadt lag, war er ganz allein in der großen Stube. Alles war hinausgeströmt, um den Sonnenschein zu genießen. Um aber nicht überrascht zu werden, sperrte der Magister seinen Schrank auf und hinter die schützende Thüre stellte er seinen Schemel, auf dem er schreiben mußte. Kam Jemand, so konnte er leicht die Sachen im Schranke verstecken. Aber es kam Niemand. Nur der alte Feldwebel steckte den grauen Kopf ein Mal in die Thüre, entfernte sich dann aber wieder, ohne, wie es schien, Timotheus gesehen zu haben. Die Eingabe an des Fürsten Durchlaucht kostete ihn fast eine Stunde. Bei den nächsten Briefen flog dann seine Feder rasch, und als es fünf Uhr schlug, war bereits der fünfte Brief an treue Freunde und hohe Gönner überschrieben und gesiegelt, und der Candidat hatte das frohe Gefühl, daß der Beredsamkeit, die er in diesen Schreiben entwickelt habe, auch ein Kieselherz nicht werde widerstehen können. Seine Braut ließ er nur durch ihren gegenwärtigen Dienstherrn in Kenntniß setzen über seine Lage. Er wollte sie nicht erschrecken, und außerdem widerstrebte es ihm, einen Brief an sie durch diese Hände gehen zu lassen. Als er seine Briefe mit dem Schlage fünf Uhr zusammennahm und ans Fenster trat, sah er Fränzchen schon unten auf der Straße. Er rief sie an, und im nächsten Augenblicke hatte sie seine Briefe sicher in der bereit gehaltenen Tasche. „Möge Gott es Euch lohnen und Euch noch glücklich machen," rief Timotheus in warmem Tone.

Die schöne Franziska wollte etwas erwidern, aber die Thränen traten ihr in die Augen, und mit einem hastigen Kopfnicken kehrte sie sich ab. Dann aber wendete sie sich nochmals um und sagte: „Wenn ich wieder in die Stadt komme, frage ich nach Euch."

„Oh, thut das, liebe Demoiselle," rief Timotheus
eifrig. Dann verschwand sie in dem Gewühle der
Straße. Er schaute ihr voll Rührung nach. „Ganz
ist ein Weib nicht zu verderben," dachte er. „Auch
die zerpflückte Rose hat noch etwas vom Dufte der
unberührten Knospe bewahrt."

III.

Von dem Augenblicke an, daß Timotheus sich
wieder im Austausch mit der Außenwelt wußte, war
er viel heiterer. Die erhöhte Lebendigkeit seines Be-
nehmens und die wiederkehrende gesunde Farbe seines
Antlitzes zeugten von der frohen Hoffnung, die in
ihm lebte. Sein Gefreiter lobte ihn, daß er anfange,
alerter zu werden und das Kopfhängen ablege. Das
ging etliche Tage, als aber von außen jede Antwort
auf seine Briefe ausblieb, trat an die Stelle der
frohen Hoffnungen wieder nagender Zweifel. Sollten
seine Briefe dennoch nicht bestellt worden sein? Sollten
ihn alle Freunde verlassen haben? Darüber nun,
daß es nicht an Fränzchen lag, wenn seine Schreiben
keine Frucht trugen, sollte er bald Gewißheit erhalten.
Eines Morgens in der Frühe erschien zu allgemeiner
Ueberraschung der Hauptmann auf der Soldatenstube
und ließ sich alle Soldatenschränke und Kisten durch
den Sergeanten öffnen. Bei den meisten wurden nur
harmlose Dinge gefunden und die Besitzer von
etwaiger Contrebande kamen mit etlichen Schimpf-

worten davon. Aus dem Schreibzeuge des Refruten Timotheus aber machte der Hauptmann ein großes Wesen.

„Wer hat Euch diese Sachen gegeben?" fragte er.

„Ich bat ein Mädchen, das vorbeiging, mir Schreibzeug zu verschaffen, damit ich meinen Freunden Nachricht geben könne von meinem Elend," erwiderte Timotheus ruhig, „und die Fremde hat mir aus Mitleid mit der Noth eines Mitmenschen und aus christlichem Erbarmen Papier und Tinte besorgt."

„Und Ihr habt Euch erfrecht, Ihr elender Heuler, Serenissimum Höchstselbst zu beunruhigen mit Euerem Gewinsel?"

„An wen soll ein mißhandelter und unterdrückter Fremder sich wenden als an den Landesherrn?" erwiderte Timotheus kalt.

„Hört, Kerl, reizt mich nicht," rief der Hauptmann. „Ihr Winsler, dem noch kein Haar gekrümmt worden ist und der dennoch über Mißhandlung klagt! Wer hat Euch das Geld gegeben, die Briefe zu frankiren?"

„Wenn sie frankirt waren, so hat es das Mädchen aus gutem Herzen gethan. Derselbe Elende, der mir meine Kleider stahl, hat auch mein Geld mitgehen heißen," erwiderte Timotheus mit bitterem Hohn. Aber in demselben Augenblicke, daß er diese Worte gesprochen, fühlte er auch die linke Hand des Hauptmanns an seiner Gurgel, während die rechte un-

5*

barmherzig auf sein Gesicht und seinen Kopf los=
schlug. „Hier, Sergeant, führt den Haselanten ins
Loch. Drei Tage Dunkelarrest sollen ihm den Kopf
zurechtsetzen, und dann bringt ihn wieder auf die
frühere Stube. Der Anblick der Straße macht ihn
schwindelig."

Der Mißhandelte wußte noch nicht, wie ihm
geschehen, als er bereits neue Püsse im Rücken spürte,
die ihn vorwärts trieben. Er sah sich gezwungen,
treppauf und treppab dem Sergeanten zu folgen, bis
eine Thüre hinter ihm zuschlug, und er sich im Dunkeln
befand, was für seinen schmerzenden Kopf zunächst
freilich das Beste war. „Gesagt habe ich es ihnen
wenigstens," knirschte er mit einer schmerzlichen Be=
friedigung, indem er sich auf die Bank niederließ,
an die er im Dunkeln angestoßen war. „Sie wissen
nun, was ich von ihnen halte, und ihr eigen Gewissen
muß es ihnen bestätigen, daß sie Schurken sind."
Lang freilich hielt diese befriedigte Stimmung nicht
an: und nach drei qualvollen Nächten stand er am
dritten Tage wieder auf dem Drillplatze, obwohl er
vor Erschöpfung das Gewehr kaum in der Hand zu
halten vermochte. Wochen vergingen so und in
Timotheus' Lage trug sich keine Veränderung mehr
zu. Er konnte nicht zweifeln, daß seine Briefe an
seine Freunde angekommen seien, daß aber an dem
Willen der Officiere, bei ihren Grenadieren einen
langen Kerl mehr zu haben, alle Verwendungen,
auch vornehmer Gönner, gescheitert seien. Antworten

der Freunde gelangten nicht in seine Hände. Sie wurden eben abgefangen, wie er sich selbst sagen konnte. Das einzige Neue, was er erlebte, war, daß er eines Morgens vor dem Wachtlocal der Kaserne als Schildwache aufgestellt ward. Es war das erste Mal, daß er außerhalb des Thores sich befand. So thöricht es war, unter den Augen der Wachtstube desertiren zu wollen, dennoch maß er bei jedem Hin= und Wiedergehen die Breite der Straße bis zu der nächsten Hausthüre. Er betrachtete jeden offenen Kaufladen, in den er flüchten könnte, er spähte nach dem Schilderhause, ob er da sein Gewehr in der Stille anlehnen könne. Schließlich aber sah er ein, daß er bei einem solchen Versuche nur in sein sicheres Verderben rennen würde, und lehnte sich gramversunken auf sein Gewehr. „So wird Dein Leben dahin gehen, ein Tag wie der andere," dachte er, „bis Du eines Tags mit scharfen Patronen in der Tasche die Wache beziehst. Niemand wird Dir nahe sein, auch Dein Gott nicht. Du wirst laden und mit dem Fuße losdrücken. Der Funke am Feuersteinschloß wird aufblitzen, und Du wirst in dem großen Urlaub drüben sein, von wo kein Fürst und Kriegsherr Dich einberuft." Als er abgelöst war, legte er seine Montur ab und wollte den Mantel vorschriftsmäßig in seinen Schrank hängen. Da sah er an seinem Kleiderhaken einen Bindfaden befestigt, der an einem Ende einen Bleistift, am andern einen Brief umschlang. Neugierig nahm er diese Ueber=

raſchung heraus, und nachdem er ſeinen Mantel an
den Nagel gehängt und den Schrank verſchloſſen
hatte, ſetzte er ſich auf einem Schemel nieder und
löſte die Schnur von dem Briefe. Zunächſt fiel ihm
ein weißes Blatt in die Hand. „Die gute Seele,‟
ſagte er, denn er dachte, das Fränzchen des Herrn
Baron habe Wege gefunden, ihm neues Schreib=
material zuzuſpielen. Als er aber einen Blick auf
das zweite Blatt warf, ſchlug ihm die helle Lohe
ins Angeſicht, und ſein Herz klopfte ſtürmiſch. Dieſe
Handſchrift kannte er. Es war die ſeiner vielgeliebten
Jungfer Sophie. Der Brief lautete:

„Herzlieber und allezeit werther Herr Candidat.‟

„Ich habe Euer Schreiben an den Herrn Grafen
mit den Grüßen für mich erhalten, und Ihr könnet
Euch wohl einbilden, in wie große Trübſal mich dieſe
üble Zeitung geſtürzt hat. Nachdem ich viele Tage
geweint und mich betrübet habe über Euer ſo ganz
unmaßen trauriges Sort, habe ich aber beſchloſſen,
unſer beider Schickſal dem höchſten Gott zu über=
geben, der wird hierinnen Alles nach ſeinem heiligen
Rath dirigiren, der die Unſchuld wohl kann eine
Weile leiden laſſen, aber am beſten weiß, wofür es
gut iſt. Daß ich niemahlen geſinnt geweſen bin,
Euch zu verlaſſen, wiſſet Ihr wohl, wiewohlen Ihr
es mir in dem Briefe an den Herrn Grafen frei gebt,
deſſen Protection Ihr Euch ergeben habt. Der
Herr Graf hat auch ſofort an Se. Durchlaucht

geschrieben und hofft, daß des Fürsten gutes Naturell
prävaliren wird. Da aber auf die Großen dieser
Welt kein Verlaß ist, sondern allein auf den einigen
Gott, so habe ich meine Stelle hier gekündigt, damit
ich, werthester Herr Candidat, Euch als meinem an=
gelobten dereinstigen Herrn, wie ich auch schuldig
bin, mit selbstwärtiger Person nahe zu sein vermöge.
So ist also mein Wille, daß ich in die Stadt ziehe,
und hat mir der Freund, durch den Ihr diesen Brief
erhaltet, bereits für den kommenden Monat ein
Stübchen gegen Euere Kaserne über gesichert, da er
nicht zweifelt, daß Ihr später wieder in die vordere
Stube werdet versetzt werden; nur sollet Ihr im
Dienste recht alert sein, damit der Hauptmann auf=
höre, an Euch Vengeance zu suchen. Dann werdet
Ihr auch bald die Kaserne verlassen dürfen, so daß
wir alle Tage uns sehen und sprechen können. Kommt
Ihr nicht los, so könnet Ihr doch leicht bei Eueren
Kenntnissen zum Corporal oder Feldwaibel aufsteigen.
Dann aber wird Se. Durchlaucht uns die Heirath
consentiren, da ich mit der Nadel und durch Waschen
das Erforderliche wohl beschaffen kann, so gut als
Eine. Was ich in solcher niedriger Condition zu
Euerem Contentament werde beibringen können, werde
ich nicht lassen. Wie dieser Brief Demselbigen be=
stellt wird, darf ich nicht sagen, da es Euerem guten
Freund und besonderen Patron sicherer erscheint,
wenn Ihr selbst ihn nicht kennt. Darum so sollt
Ihr ihm auch nicht nachforschen. Vielmehr sollt

Ihr Euere Antwort an demselben Tage an eben
denselbigen Ort thun, wo Ihr diesen Brief gefunden,
dann werdet Ihr am ersten Tage der Woche wieder
einen Brief von mir erhalten. So lasset mich also
bald wissen, was Ihr von meinen Propositionen
haltet. Also seid nicht traurig, denn es dient zu
nichts, sich zu chagriniren. Gott weiß, wie sehr ich,
werther und allerliebster Herr Candidat, Euch von
Herzen bin ergeben. Bis zur letzten Stunde werde
ich Euch allezeit lieben und sein Euere gehorsame
Braut Sophie."

„P. S. Jeden Morgen bei der Frühglocke und
jeden Abend bei dem Vesperläuten werde ich vor
Gott Euer gedenken. So thuet auch Ihr, wenn
Ihr die Glocken hören könnt. Dann kommen unsre
Gedanken doch beisammen."

Wie lang der gute Timotheus in diese Zeilen
starrte, wußte er selbst nicht. Erst als das Poltern
auf der Treppe ihm anzeigte, daß die Kameraden
vom Exerciren zurückkämen, steckte er den Brief und
das Schreibmaterial hastig in seinen Koffer und ver=
tauschte die Uniform mit dem Zwillichrock. Stumm,
aber mit glänzenden Augen, saß er seinem Partner
bei dem Essen aus dem Blechtrog gegenüber. Als
dann die Stunde zur Erholung für die Anderen
begann, schlich er nach dem Schlafsaal und verfaßte
dort einen Brief an seine heißgeliebte Braut, um ihr
zu danken und sie zu versichern, daß, wenn nur sie
zu ihm zurückkehre, sein Loos ihn leicht und glücklich

dünken solle. Aber indem er nun erst sich vergegen=
wärtigte, welche Opfer auch sie bringe und welcher
Zukunft als Weib eines Unterofficiers sie entgegen=
gehe, kam ihm ein großes Weinen, also daß das
Papier feucht wurde von seinen Zähren. So tröstete
er sie, woran er selbst nicht mehr zu glauben wagte,
daß der Brief des Herrn Grafen an den Fürsten
diesen doch schließlich noch bestimmen werde, ihn frei
zu geben. Dann aber wollte er seine inniggeliebte
Sophie heirathen, denn so gut sie glaubte mit einem
Feldwebel sich ernähren zu können, ebensowohl konnte
sie mit einem Copisten, Privatinformator oder Brief=
steller eine glückliche Armuth theilen. Wozu auf ein
Pfarramt warten, in dem doch nur die Härte des
Patrons und die Bosheit der Bauern ihnen das
Leben sauer machen würde? Da wollte er lieber
als einer der Kleinen mit seinem geliebten Weibe
leben; mochten sie ihn dann auch einen verdorbenen
Theologus nennen, ihm war das gleich. Nur in
der bunten Jacke konnte er nicht mehr bleiben. Dar=
um bat er seine Jungfrau Braut dringend, sie solle
nur ja allen hohen Gönnern und Patronen in den
Ohren liegen, sich bei dem Fürsten für ihn zu ver=
wenden, damit dieser, um bösen Leumund zu vermeiden
und Ruhe zu bekommen, sein Unrecht wieder gut mache.

Als er den Briefbogen in kleiner zierlicher Schrift
eng beschrieben hatte, trug er ihn in den Schrank
und heftete ihn an seinen Mantel. Nach einer Weile
kam der alte Feldwebel und schickte ihn zum Brunnen

hinunter, um ein Glas frisches Wasser zu holen.
Als Timotheus es brachte, trank der Alte es aus
und verließ die Stube. Sofort stürzte Timotheus
nach seinem Schranke. Der Brief war weg. Nun
wußte er, wer der Vermittler war, doch schien ihm
nach dem Briefe der Braut wahrscheinlich, daß irgend
ein großer Herr und Patron hinter dem alten
Soldaten stehe, der sonst wohl schwerlich so viel wagen
würde. Lieb war es ihm auch, daß der alte Grau=
kopf der Liebesbote war und nicht das Fränzchen
aus dem Schlosse, an das er zuerst gedacht hatte.
„Gott hat in jedem Stande, die ihm dienen," dachte
er, „und trotz des harten heidnischen Kriegsgesetzes
sind der Hauptmann von Kapernaum und der fromme
Cornelius rechte Gottesknechte gewesen." So ging
er an diesem und an den folgenden Tagen wie ein
Träumender umher, stets die Aussichten erwägend,
die Sophie ihm eröffnet hatte, und des Tages
harrend, der ihm neue Nachrichten bringen sollte.
Aber nach diesen Stunden des Hoffens folgten dann
andere, in denen er nur um so tiefer verzagte. Jetzt
erst erfuhr er, was es heißen wolle, sieben Tage
auf einen einzigen frohen Moment warten zu müssen.
Es war, als ob jeder Tag zu einem Jahre würde,
und selbst in der Nacht floh ihn der Schlaf, da er
immer neue Pläne hin= und herwälzte, wie er Sophien's
Anwesenheit werde benützen können, um seine Bande
zu brechen. Ihre Aufopferung hatte ihn tief gerührt,
und einen Augenblick hatten ihre Pläne ihn getröstet,

aber je länger er über diese Aussicht nachdachte, um
so trauriger schien es ihm, auch sie in sein Unglück
herabziehen zu sollen. Er kannte solche Ehen der
Feldwebel und Wachtmeister, wie aber konnte er sie,
die Feingebildete, Zarte in dieses Elend hineinreißen?
Täglich wurde es ihm klarer, daß es seine Pflicht
sei, zu verzichten und seinen dornigen Pfad nunmehr
allein fortzusetzen, bis Gott ihn erlösen würde. Ueber
diesem Wechsel von Hoffen und Verzagen kam der
ersehnte erste Wochentag endlich herbei, aber, wie
oft er auch im Schranke, in seinem Koffer, in der
ganzen Stube suchte, nirgends fand er den ver=
sprochenen Brief. Vielleicht, daß gerade sein auf=
fälliges Benehmen den Boten hinderte, die Botschaft
zu bestellen. Entmuthigt und kleinlaut suchte er am
Abende sein Lager. Die Enttäuschung machte ihm
seine Ketten unerträglicher als je. Er zürnte auf
den geheimen Beistand, daß er ihn also auf die
Folter spanne. Ja, es gab Augenblicke, in denen er
meinte, die frühere Dumpfheit sei den Aufregungen
noch vorzuziehen, in die ihn die Botschaft Sophien's
gestürzt habe. Am folgenden Morgen wurde er zu
seinem Staunen zur Wache commandirt, obwohl er
gar nicht an der Reihe war. Die Kameraden steckten
darob die Köpfe zusammen, ihm aber war es gleich=
gültig wie alles Andere. Müde und hoffnungslos
trottete er vor seinem Schilderhause hin und her.
Seit er das Loos ins Auge gefaßt hatte, das Sophie
ihm eröffnet, sein ganzes Leben in diesem traurigen

Einerlei hinzubringen, erschien ihm sein Dasein so
entsetzlich öde und in allen Wurzeln vergiftet, daß er
das Gewehr auf seine eigene Brust würde gerichtet
haben, aber er wußte, daß es nicht geladen war.
In diesen düsteren Gedanken hatte er seinen Dienst
völlig vergessen, als plötzlich ein Soldat an ihm
vorüberlief, mit dem Zuruf: „Aufgepaßt, Schildwache,
Durchlaucht kommt!" Gleich darauf bog ein breit-
schultriger, stämmiger Officier in einfachem blauem
Rock, mit dreieckigem Hute und dickem Rohrstock um
die Ecke und schritt, gefolgt von einem General, auf
das Wachtlocal zu. Timotheus präsentirte und schaute
dabei fest in das Gesicht des Fürsten. Er sah einen
Herrn mit rothen Backen, gewichstem Schnurrbart
und harten blauen Augen, der auf ihn zuschritt.
Sein Herz schlug ihm hörbar, denn er hoffte, der
Fürst werde ihn anreden. Der aber warf ihm nur
einen zornigen Blick zu, weil das Gewehr in der
Hand des aufgeregten Rekruten zitterte, denn Timotheus
war plötzlich der Gedanke durch den Kopf gefahren,
daß dieser Moment über sein ganzes Schicksal ent-
scheide. Jetzt stand er ja dem gegenüber, der sein
Leben in der Hand hatte. Es war ja sonnenklar,
eben dazu hatte der unbekannte Patron, der hinter
dem Feldwebel stand, ihn außer der Reihe zur Wache
commandirt, damit er sein Anliegen dem Fürsten
vortragen könne. „Jetzt oder nie!" dachte er, und
als der Fürst bereits halb an ihm vorüber war,
setzte er sein Gewehr ab, ließ sich auf ein Knie nieder

und rief dem hohen Herrn laut nach): „Durchlaucht,
Gerechtigkeit!" Zornig wendete der Fürst sich um.
„Kerl! was untersteht Er sich!" rief er, indem er
Miene machte, den dicken Rohrstock auf die Schultern
der knieenden Schildwache niederfallen zu lassen,
Aber in dem Auge des Unglücklichen mochte der
kleine Tyrann etwas von der Verzweiflung des ge-
hetzten Hirsches lesen, der im Begriffe ist, sich zur
Wehr zu setzen; er trat einen Schritt zurück.

„Wache heraus" — rief in schnarrendem Tone
jetzt der begleitende Officier. Die Soldaten stürzten
aus der Wachtstube nach ihren Gewehren. „Gerechtigkeit will ich, meine Freiheit," rief Timotheus mit
wilder Stimme, indem er sich vom Boden erhob und
mit rollenden Augen um sich schaute. „Man hat
mich eingefangen und hält mich gegen Recht und
Gesetz hier fest. Ich bin kein Landeskind und habe
mich dem Fürsten nicht gelobt. Ich verlange meine
Freiheit!" Während er so tobte, ward ihm aber bereits
von dem Officier, der hinter ihn getreten war, das
Gewehr rückwärts aus der Hand gerissen. Jetzt trat
auch Serenissimus wieder einen Schritt näher und
sagte zu dem Hauptmann: „Wie heißt der Kerl?"

„Timotheus, Durchlaucht."

„So, der Querulant, der Eingaben aus der
Kaserne schreibt. Legt ihn drei Wochen auf die
Latten, dafür, daß er mich hier attaquirt hat. Danke
Gott, Canaille, daß ich Dich nicht erschießen lasse."
Der Sergeant trat mit zwei Mann vor und führte

Timotheus ab, der nun fast ohnmächtig zusammen=
brach. Als er aber am Kasernenthor angekommen
war, da gellte weit über den Platz der verzweifelte
Ruf: „Und dies ist ein christlicher Fürst! Gedenke
es ihm, Herr, am jüngsten Tage!"

Timotheus ward in einen Gefangenenwagen
gesetzt und in die Frohnfeste verbracht, die, von
hohen Mauern umgeben, an dem Stadtgraben lag.
Dumpf und willenlos folgte der Gefangene dem
Kerkermeister, der ihn am Thore der Strafanstalt
in Empfang nahm. Nachdem er durch mehrere Gänge
geführt worden war, wurde ein niederes Stübchen
aufgeschlossen, in welchem ein Erwachsener nicht auf=
recht stehen konnte. Timotheus sah noch), daß zwei
Drittel des Raumes von einem Roste aus scharf
kantigen Latten eingenommen wurden, dann schlug
die Thüre zu, und er befand sich in völliger Finster=
niß. Zuerst wollte er stehen. Da er aber den Kopf
geneigt halten mußte, ertrug er diese Stellung nicht
lange, weil ihm der Nacken steif ward. Nunmehr
setzte er sich auf die scharfen Latten, aber nach einer
Weile schmerzten ihn nun die Beine. Er wechselte
die Lage und streckte sich schließlich auf den Boden
zwischen der Wand und den Latten hin, bis ihm
auch diese Stellung unerträglich war. Schließlich
blieb ihm doch nichts übrig, als sich auf dem dem
Gefangenen zugedachten Marterbette auszustrecken, wo
ihm Stunde auf Stunde in dumpfer Bewußtlosigkeit
verstrich. Gegen den Schmerz stumpften sich allmälig

seine Glieder ab, aber die dumpfe Luft benahm
ihm je länger, desto mehr die Sinne. Bald fühlte
er eisige Kälte, bald brennende Hitze. Wilde Hallu=
cinationen stürmten auf ihn ein. Er sah Lichter und
hörte Stimmen. Ein rothes Meer umleuchtete ihn,
und das Brausen des Oceans lag ihm im Ohre. Es
waren die wilden Wellen des eigenen Blutes, das
vom Herzen zum Haupte stürmte und in seinen
Schläfen hämmerte. Die Farben wurden mit der
Zeit heller, leuchtender, schöner. Das Roth wandelte
sich in Blau, das so wunderbar tief sich färbte, wie
er es nie gesehen. Das waren keine irdischen Farben
mehr, und auch die Stimmen im Ohre wurden immer
lieblicher. Ruhig und leicht schwebte er im Abend=
roth gewiegt von den Wellen des Aethers, während
rosenrothe Wolken ihn umflossen, und um ihn erklang
Musik, wie er sie nie zuvor gehört. Waren das
die Seligkeiten der Märtyrer, von denen er gelesen,
daß ihnen die Flamme kühl war und daß sie, auf
scharfe Muscheln gebettet, Paradiesesfreuden kosteten?
Jetzt ballten sich auch die Farben zu Gestalten, und
die Töne wurden Stimmen. Seine Sophie neigte
sich über ihn und tröstete ihn, während in der Ferne
süße Chöre der Engel sangen. Dann aber nahmen
die milden Züge seiner frommen Braut einen üppigen
verlockenden Ausdruck an. Das Fränzchen vom
Schlosse hatte ihr plötzlich sein Bild untergeschoben.
Da sprang Timotheus auf und stieß sein Haupt so
hart an die niedere Decke, daß er zusammenbrach.

Sein Kopf blutete. Das aber brachte ihn wieder zu sich. Endlich fand er auch die Lage, die den Körper am wenigsten anstrengte. Den einen Fuß auf dem Boden, setzte er den andern auf die Latten und stützte dann das Haupt auf den Arm und diesen auf das Knie. Indem er so zwischen der rechten und linken Seite abwechselte, brachte er den Tag vollends hin. Gegen Abend erschien der Wärter und stellte einen Krug mit Wasser und ein Stück Brot an die Erde. Der Gefangene schützte die Augen gegen das schmerzende Licht, aber der frische Hauch, der von außen hereinwehte, that ihm wohl. Gierig schüttete er das Wasser in sich und gab den Krug dem Kerkermeister zurück, der, ohne ein Wort mit dem Gefangenen zu wechseln, ihn alsbald wieder einschloß. Nun verzehrte er sein Brot. Die Gier, mit der er es that, erschreckte ihn schließlich selbst. „Ja, sie bringen uns um alle menschliche Würde," seufzte er. „Gleich dem Pferde verlangen wir uns auszustrecken auf der Streu und die süße Bewußtlosigkeit des Thieres zu empfinden, gierig stürzen wir uns auf unser Futter, und unser höchster Genuß ist der Schlaf. Bis an die Grenze der Thierheit haben sie mich gebracht. Ich stehe am Rande des Abgrunds. Herr laß mich nicht ganz versinken!"

Mit solchen düstern Gedanken streckte er sich auf seinem Schmerzenslager nieder. Eine Weile schlief er. Als er wieder zu sich kam, stand die Sonne tief und durch einen Spalt der Thüre drang ein Strahl

nach der Wand, der er sein Gesicht zukehrte. Da
war ihm, als ob auf einem Steine in gekritzelter
Schrift etwas geschrieben stehe. Die Langweile trieb
ihn an, die wunderlichen Krähenfüße zu entziffern. Als
das Licht noch etwas tiefer hereinfiel, und sein Auge
sich der Nähe der Schriftzüge angepaßt hatte, las er
folgende Worte: „Landsmann, ziehe am Kopfende
unter dem Rost die Lattnägel aus der kurzen Diele,
so kommst Du in die Freiheit. Auch das Gitter
unten ist nur angelehnt. — Kehre aber rechtzeitig
auf der Leiter hierher zurück, damit unsere Peiniger
den Weg nicht entdecken. Mancher wäre todt ohne
diesen Ausgang, an dem viele vor Dir gearbeitet
haben.“ Nachdem Timotheus klar begriffen hatte,
was er gelesen, fuhr er eilig in die Höhe. Indem
er, das Angesicht flach auf der Erde, unter dem Roste
hinrutschte, gelang es ihm, die bezeichnete Stelle der
Diele zu entdecken. Die Nägel waren in der That
locker und ließen sich ohne die geringste Anstrengung
herausziehen. Etwas mehr Mühe kostete es dem
Gefangenen, in seiner unbequemen Lage die Diele
aufzuheben. Nachdem ihm das endlich gelungen war,
kam eine viereckige Oeffnung zum Vorschein, durch
die ein gedämpftes Licht nach oben heraufdrang.
Nachdem Timotheus sich überzeugt hatte, daß der
Raum unten leer sei, streckte er zuerst sein eines Bein
in die Oeffnung, dann das andere und ließ schließlich
seinen ganzen Körper nachgleiten. Als er auch jetzt
noch keinen Boden fand, hängte er sich an die Hände.

— Nun erst sah er unten die Erde unter sich und ließ sich hinabfallen. Als er sich umblickte, fand er sich in einem kellerartigen Erdgeschosse, das früher wohl als Gefängniß gedient haben mochte. Mit einem gewissen Behagen reckte er die Glieder und schlürfte die erquickende Abendluft, die durch das offene Gitterfenster wie ein Hauch der Freiheit herein= wehte. Dann ging er in dem halbdunkeln Raume auf und ab, um die Leiter zu suchen, mit der er nach Anweisung des unbekannten Rathgebers wieder zurückzukehren hatte. Aber wie er auch hin und her ging, eine Leiter war nirgends zu finden. Zurück also konnte er nicht, das war klar und erregte ihm großen Schrecken; denn wenn man ihn hier fand, so konnte er der furchtbarsten Strafe gewiß sein. Zu= gleich fiel ihm schwer aufs Herz, daß er nun die späteren Opfer der Tyrannei dieses Auswegs aus ihrem Elend beraubt habe. Aber der Nächste nach ihm wäre ja auch betrogen gewesen, denn die Leiter fehlte. Sie mußte weggenommen worden sein. Viel= leicht, daß sie draußen stand, vor dem Gefängnißhofe. Er untersuchte also das Gitter des schmalen Fensters. Es ließ sich herausnehmen, wie die Schrift gesagt hatte. Timotheus steckte den Kopf hinaus, um nach der Leiter zu spähen. Die Aussicht war beschränkt. Er sah ein paar Schritte gegenüber die hohe Mauer, die das Gefängniß umgab, an der Erde Spuren von Pferden und allerlei Reste, die aus den Fenstern geworfen sein mochten, aber eine Leiter war nirgend

zu entdecken. Seine Lage war trostlos, und dennoch
war er fest entschlossen, bei einbrechender Dunkelheit
hier hinauszusteigen und einen Fluchtversuch zu
machen. Was lag an dem Leben hier, das er vielleicht
dabei verspielte! Werthvoll war nur das Leben, das
er zu gewinnen hoffte. Plötzlich aber hörte er draußen
Hufschlag und Knarren von Rädern. „Hüst!" rief
eine Stimme und bereits kamen Pferdeköpfe um die
Ecke. Eilig fuhr er zurück. Er hatte nicht einmal
mehr Zeit, das Gitter in das Fenster einzusetzen,
sondern er warf sich rasch zur Erde, um von außen
nicht gesehen zu werden. Der Fuhrmann fuhr an
der Mauer drüben hin, hielt an und begann gemächlich
seine Pferde auszuspannen. Mit seiner Arbeit be=
schäftigt, sah er nicht, wie an dem schmalen Fenster
das Gitter fehlte. Bald hörte Timotheus den hellen
Hufschlag der Pferde, die ihr Herr munter pfeifend
hinwegführte. Dann wurde es wieder still. Vor=
sichtig richtete der Gefangene sich auf. Ein ausge=
spannter Frachtwagen stand hoch bepackt an der
gegenüberliegenden Mauer. Wie ein Blitz schlug
dieses Bild in seine Seele. Sofort wußte er, was
er zu thun habe, um zu entfliehen. Wenn er den
Wagen erstieg, was nicht schwer war, so brauchte er
oben nur noch einige der Kisten übereinander zu
thürmen, um die Mauer zu erklimmen. Gelang es
ihm dann, ein paar Säcke mit Heu, die auf dem
Wagen lagen, auf der andern Seite der Mauer hinab
zu stürzen, so durfte er bei diesem weichen Grunde

6*

das Hinabspringen wagen, und war er nur erst ein=
mal draußen, so mochte Gott weiter sorgen, der sich
der unschuldig Verfolgten annimmt. In dieser Hoff=
nung beschloß Timotheus ans Werk zu gehen, sobald
es dunkel geworden. Um zehn Uhr wurde in den
Gefängnissen, wie er wußte, nach den Gefangenen
gesehen. Wäre die Leiter dagewesen, so würde er
sich ruhig wieder in die Latten gelegt haben, bis die
Visitation vorüber war; jetzt blieb ihm nichts übrig,
als rasch zu handeln. War er nur erst draußen, so
hatte er dann die ganze Nacht vor sich, um tief im
Walde sich zu verbergen und auf Unwegen nach
Berlin zu wandern, wo er sicher sein würde, und
seine Freunde ihm weiter helfen konnten. Inzwischen
hatte der Himmel sich umzogen, und es fing an zu
regnen. Um so erwünschter! Als der Regen stärker
wurde, beschloß Timotheus, diesen günstigen Moment
zu nützen. Es war bereits dunkel genug, um im
Schatten der Mauer unbemerkt hantieren zu können,
und die Dunkelheit nahm mit jedem Augenblicke zu.
Rasch stieg er durch das Fenster und war im Nu
drüben am Wagen. Von der Deichsel kletterte er
mühelos auf die Höhe des Lastwagens, von der er
die Deckplatte der Mauer mit den Händen erreichen
konnte. Mehr Mühe machte es, einige der Kisten,
die mit Stricken festgebunden waren, frei zu bekommen
und so aufzuthürmen, daß sie eine feste Unterlage
abgaben. Den Versuch aber, die schweren Futtersäcke
hinaufzuschaffen, um die Gewalt des Absturzes zu

brechen, mußte er aufgeben. „Er wird seinen Engeln
befehlen über Dir," sagte er sich zum Troste. Dann
bestieg er seinen losen Aufbau und schwang sich mit
einem kühnen Ruck hinüber auf die Mauer. Flach
lag er auf ihr, um von unten nicht gesehen zu werden,
denn die Wolken am Himmel zerstreuten sich, und es
wurde eher heller als dunkler. „Warten ist gefähr-
lich," sagte er dann, „und hat keinen Zweck." Vorsichtig hielt er sich mit den Armen und dann mit
den Händen an dem Mauerrande fest und ließ sich
so in seiner ganzen Länge an der Außenseite herunter.
Er wußte, daß er noch immer mindestens zehn Fuß
über der Erde schwebe, aber mit einem Stoßgebete
ließ er los. Seine Sinne schwanden. Ihm war, als ob
er in ungemessene Räume, immer tiefer und tiefer falle.
Dann lag er zwar wieder fest, aber jeder Versuch,
sich zu bewegen, war ihm unmöglich. Seine Brust
arbeitete und keuchte, er wollte rufen, aber selbst die
Stimme versagte ihm. Angsttropfen brachen ihm aus
allen Poren. Es war wie eine Binde vor seinem
Bewußtsein, die er vergeblich zu zerreißen strebte,
weder seiner Glieder noch seines Geistes fühlte er
sich mächtig. Nach einer Weile hörte er in der Ferne
Stimmen. Wenn man ihn hier fand! Es stand ihm
klar vor Augen, was dann sein Loos sein werde!
Spießruthen mußte er laufen! Er sah, wie er hinter
dem Tambour, der mit gedämpfter Trommel seinen
Todtenmarsch schlug, hinausgeführt wurde. Die
Uniform rissen sie ihm vom Leibe, und halbnackt

stießen sie ihn zwischen zwei lebendige Mauern. Hier stand das eine Glied der Compagnie und gegenüber das andere, und jeder Soldat hatte eine Ruthe in der Hand, und nun mußte er zwischen beiden Reihen mit nacktem Oberkörper hindurchlaufen, während die Officiere hinter dem Gliede genau darauf achteten, daß jeder Mann auch tüchtig zuhaue. Am Ende angekommen, mußte er umkehren und wieder hindurch, und das zehn- und zwanzigmal, bis er ohnmächtig zusammenbrach. Der Angstschweiß brach ihm bei diesem Gedanken aus, und aufs Neue versuchte er sich aufzuraffen, aber die Kräfte versagten ihm, und hülflos mußte er liegen bleiben, wo er lag. Das also war das Ende eines Lebens voll Entsagung und Arbeit! Wozu hatten nun seine armen Eltern sich den Bissen am Munde abgedarbt, um ihn auf die hohe Schule zu schicken, wozu hatte er selbst sich drücken und treten lassen in den Häusern des Adels, wofür hatte seine treue Sophie die Blüthe ihrer Jugend geopfert? Eine unendliche Bitterkeit erfüllte ihn. Was hatte er denn verschuldet, daß er hier hülflos am Boden lag? Er hatte die Forderung eines Wüstlings abgewiesen, die gegen Gottes Gesetz war, und er hatte einem kleinen Tyrannen, der nicht ein- mal sein Landesherr war, gesagt, er wolle bleiben, was ihn Gott hatte werden lassen, Diener am Wort, obwohl er sechs Fuß einen Zoll maß. Durfte ein Junker ihn also entwürdigen, ein Fürst ihn vollends zur Erde schlagen, so wollte er einer Welt fluchen,

in der der Schwache den Großen zum Spielball ge=
schaffen ist. Da war es ihm, als ob eine dunkle
Gestalt sich über ihn neige und ihm ins Ohr flüstere:
„Helft Euch selbst, so wird Gott Euch helfen. Ihr
seid die Vielen, sie sind Wenige. Rottet Euch zu=
sammen, brecht Euere Ketten!“ Da merkte der Can=
didat, daß es der Böse sei, der also zu ihm rede,
und er besann sich auf die Worte, die der selige
Vater Luther geredet hatte, daß ein Christenmensch
sich solle verhüten vor Rottiren und Aufruhr, aber
wie er auch grübelte, er konnte die Worte nicht finden.
Und wieder hörte er Stimmen und Gelächter ganz
in der Nähe. Jetzt kamen sie, ihn zu greifen, und
er vermochte nicht, vom Boden aufzustehen. Da schlug
es plötzlich wie ein Blitz durch seinen starren Körper.
Ein Kanonenschuß wurde gelöst. Das war das
Signal, daß man in der Festung seine Flucht entdeckt
hatte und sich anschickte, ihn zu verfolgen. Alle seine
Kraft zusammennehmend, fuhr er empor. Er that
einen tiefen Odemzug, und ein starker Geruch von
Katalpenblüthen stieg ihm in die Nase.

IV.

Ein neuer Schuß krachte. Herrn Timotheus war
es, als ob er aus einem tiefen Schlafe erwache.
Hatte er sich im Festungsgraben so steif gelegen oder
an seinem alten Nußbaume? Aber da schoß es noch=
mals und wiederum. Das waren ja nicht die Ge=
schütze der Frohnfeste, sondern die Böller des Kammer=

jägers. Helles Gelächter von dem Platze hinter dem Hause tönte zu ihm herüber. „Hurrah, ein Extrablatt!" hörte er Alexander rufen. „Nun hat doch Knollfink die meisten Stimmen."

„So, jetzt schießen die Knollfinken auch, da wird Papa sich freuen," lachte Lutz. Diese vorwitzige Bemerkung seines Lieblingssohnes rief den Rector endlich aus dem achtzehnten Jahrhundert in das neunzehnte zurück. Verstört erhob er sich. Aber er war steif an allen Gliedern, und sein rechter Fuß war eingeschlafen. Noch völlig abwesend starrte er in das grüne Gebüsch, das ihn umgab. „Mama, Mama", lachte es unten, „die Landorte haben den Ausschlag gegeben. Vivat Knollfink!"

„Victrix causa diis placuit, victa Catoni," erwiderte Alex mit Würde. Der glückliche Vater hätte gern gelächelt, aber er fühlte einen stechenden Schmerz in der Schläfe und einige Uebligkeit. „Wie man nur so lebhaft träumen kann," sagte er. „Nun glaube ich wirklich, daß Alex recht hat und der Geruch der Katalpa das Gehirn belastet. Habe ich doch heller geträumt, als ich jemals auf meinem Katheder gewacht habe, und ich pflegte doch nicht zu schlafen in der Klasse."

„Sieh, wo Papa bleibt," hörte er jetzt seine Frau sagen. „Es wird mir ordentlich ängstlich mit seinem langen Schlafe."

„Ich komme, Sophiechen," rief der alte Mann, indem er seine Glieder zurecht schüttelte. „Gott strafe mich," sagte er ängstlich, „aber ich fürchte noch immer, der Profoß nimmt mich am Kragen. Das also ist das gepriesene patriarchalische Regiment. Hu, hu, ich habe es noch in Mark und Knochen!" Damit erhob er sich von seinem Sitze und schwankte, auch jetzt noch gebunden an Geist und Körper, hinunter nach dem Hause, wo der Nachmittagskaffee der Frau Rectorin seiner harrte. Schweigend nahm er zwischen den Seinen Platz und ihnen war, als ob der Vater sie zärtlicher als sonst betrachte, gleich als ob er von einer langen Reise zurückgekehrt sei und sich nun glücklich fühle, wieder unter ihnen zu sitzen. Als die Knaben sich erhoben hatten, um an ihre Arbeit zu gehen, sagte die Rectorin lächelnd: „Was ist Dir, Alter? Du siehst mich fortwährend von der Seite an, als ob Du mich zum ersten Mal entdecktest? Du hast gewiß vor, mir eine andere Haube zu schenken, und überlegst Dir, wie ich mich in der neuesten Mode ausnehmen werde?"

„Es hat nicht viel gefehlt," sagte lächelnd der alte Herr, „so hätte ich Dich in der Tracht des vorigen Jahrhunderts gesehen, die ich selbst soeben erst abgelegt habe. Leider aber fiel der Vorhang, ehe Du zum Vorschein kamst, meine gute Sophie."

„Du sprichst in Räthseln," erwiderte die Rectorin, indem sie ihren Gemahl fragend ansah).

Der Rector erzählte nun, was er Alles geträumt habe, während Frau Sophie emsig an ihrem Strumpfe vorwärts strickte. „Am meisten," schloß er seine Erzählung, „hat mich während des Träumens im

Geheimen immer beunruhigt, daß ich mich selbst so schwach und charakterlos betrug. Indem ich meine Bücklinge vor dem nichtswürdigen Junker machte, sagte mir immer eine Stimme: „aber Timotheus, ich kenne Dich ja gar nicht wieder, woher hast Du diesen marklosen Knechtssinn? Du warst doch sonst nicht servil, auch wenn Du den höchsten Herrschaften gegenüberstandest." Der Timotheus des neunzehnten Jahrhunderts mißbilligte den des achtzehnten. Aber der Traumgott war entschieden ein besserer Historiker als ich. Er hat ganz Recht. Nur die Möglichkeit, auch ohne die Protection der Mächtigen uns eine Stellung zu schaffen, hat uns zu aufrechten Männern gemacht. Es ist eine wohlfeile Sittenrichterei, wenn wir Modernen uns über die Bettelbriefe eines Klop= stock an den Markgrafen von Baden oder über die Schmeicheleien eines Leibnitz gegenüber der Königin von Preußen entrüsten. Wie die Dinge heute liegen, brauchten diese Männer freilich Niemanden zu hofiren. Sie könnten bequem von ihrer Feder leben, und wenn sie Schranzendienste übernähmen, wäre es aus dem Drange einer niedrigen Natur. Wie aber hätte damals ein Gelehrter ohne Pensionen und Gnaden= geschenke der Großen existiren sollen? Kommt hinzu, daß jeder Bürger solchen Erfahrungen ausgesetzt war, wie ich sie heute im Traume erlebte, so ist kein Wunder, daß zwischen Stock und Zuckerbrot ein Heer von Speichelleckern aufwuchs, von dem uns erst die französische Revolution befreit hat."

„Gewiß, lieber Schatz," sagte Frau Sophie, „Dir haben sie arg mitgespielt. Aber hat Dein Traumgott nicht stark übertrieben?"

„Nein," erwiderte der Rector mit großer Bestimmt=heit. „Ich meine natürlich nicht, daß es allen Menschen des achtzehnten Jahrhunderts oder auch nur der Mehrzahl derselben so erging, wie mir heute; aber Tausenden ist es so ergangen, und Viele haben an Hab' und Gut, an ihrer Familienehre, ihrer persönlichen Freiheit noch Schmerzlicheres erdulden müssen. Die Geschichte dieser kleinen Sultane ist mit Thränen und Blut geschrieben. Wenn das Un=glück auch nur eine geringe Anzahl ihrer Unterthanen wirklich traf, die Möglichkeit hing doch über allen. Wie aber sollte ein gerade gewachsener Schlag von Leuten sich entfalten, wo ein solcher Druck auf den Kleinen und Schwachen lastete? Frömmer waren die Leute wohl. Wohin sollten sie auch ihre Hoff=nungen flüchten, als in den Himmel, da sie auf Erden nichts zu hoffen hatten .... Doch lassen wir das. Die ärgste Hitze hat nachgelassen, und ich bin gesonnen, einen Spaziergang durch den Wald zu machen, damit mir die Waldluft die Dünste aus dem Kopfe scheucht und ich den schweren Traum los werde, der mir noch immer in allen Gliedern liegt."

Am folgenden Tage war in dem kleinen Land=hause des Rectors frohes Leben, denn die verheirathete Tochter war zum Besuche eingetroffen, und der alte Herr war entzückt, wie sein schönes Kind in der Ehe auf=

geblüht war. Die sonst so zarte Theodora war voller
geworden, ihre Wangen glänzten und ihre Augen
leuchteten von innerer Befriedigung und Glückseligkeit.
Bei Tisch schaute der Vater unausgesetzt nach den
lieben, lang entbehrten Zügen und fuhr von Zeit zu
Zeit zärtlich mit seiner welken Greisenhand über die
vollen blonden Scheitel der jungen Frau. So war
heute von Politik gar nicht die Rede, und erst gegen
Ende der Mahlzeit erzählte Alexander, daß der ganze
Siegeslärm von gestern verfrüht gewesen sei. Außer
den beiden Hauptcandidaten habe der Zählcandidat
der Demokraten gegen zweitausend Stimmen auf sich
vereinigt und dadurch sei eine Stichwahl zwischen
Knollfink und Rollmops nöthig geworden. Alex, der
für den Agrarier war, sagte dem Candidaten seines
Bruders nach, er wolle sich in den Reichstag nur
wählen lassen, um in Berlin Absatzquellen für seine
Spinnerei zu suchen und stille Theilhaber zu werben.
Alexander dagegen war überzeugt, Knollfink finde
den Winter langweilig in seinem Ackerstädtchen und
habe es mehr auf die Berliner Theater als auf die
Parlamentssitzungen abgesehen. Als der Bruder
heftig widersprach, berief sich Lutz für seine Meinung
auf die Ansprache, die Herr Pfarrer Marcus in einer
Wählerversammlung gehalten, wo namentlich die Herren
von Scipio und Mucius ihm ein lautes Bravo zugerufen hätten. Alexander dagegen citirte die Zeitung
für seine üble Meinung von dem Agrarier, und die
beiden jungen Leute kamen hart aneinander.

„Da haben wir's," sagte der Rector. „Das kommt bei dem Wählen und Wühlen heraus, daß Jeder den Andern herunterreißt und schlecht macht, nur weil er einer verschiedenen politischen Anschauung huldigt. Das sind die Resultate des vielgepriesenen Parlamentarismus."

„Väterchen, Väterchen," drohte die Rectorin mit ihrem Zeigefinger, „denke an Deinen gestrigen Traum! Gestern gabst Du zu, daß es eine öffentliche Meinung geben müsse, um sie anzurufen, wenn die Großen dieser Erde dem Schwachen Unrecht thun."

„Eine öffentliche Meinung," sagte der Rector, „war auch im Mittelalter vorhanden. Diese öffentliche Meinung war die Kirche, und sie hatte eine Autorität, die weder unsere Versammlungen noch unsere Presse besitzt. Erst aus der Zerbröckelung der Kirche durch die Reformation ist die Tyrannei der kleinen Sultane hervorgegangen, die alle Menschenwürde mit Füßen trat. Hätte die Reformation die Kirche nicht den kleinen Gutsherren ausgeliefert und die Territorial=herren aus Beamten des Reichs zu Souveränen ge=macht, so brauchte der Pfarrer nicht vor dem Junker zu kriechen, und die Eltern hätten nicht nöthig, für ihre Töchter und Söhne vor Serenissimo zu zittern."

„Aber Väterchen," scherzte Theodora, „glaubst Du wirklich, daß Du im Mittelalter glücklicher ge=wesen wärest als in der Gegenwart?"

„In der engen, vertraulichen Welt des damaligen Städtewesens hätte ich mich durchaus glücklich gefühlt,"

versicherte der Rector. „Nur wo feste gute Ordnung
mich umgibt, nur da ist mir wohl. Selbst in der
Zelle eines Klosters, bei den Handschriften des Livius
oder den Schriften des Areopagiten hätte ich mein
Leben verträumen mögen. Aber dieser ewige politische
Lärm, der heute zu Tage selbst in das stillste Haus
durch Thüre und Fenster dringt, ist mir völlig un=
erträglich."

„Oh," lachte Theodora, „ich würde mir ganz gut
gefallen in einer Sammethaube und Puffärmeln,
mit der Gretchentasche an der Seite; aber wie Du
es ohne Bücher aushieltest, das, Papa, begreife ich nicht."

„Es ist nicht nöthig, mein Kind, daß es viele
Bücher gebe," sagte der Rector, „sondern gute.
Wohin wird die Menschheit kommen, wenn die Leute
fortfahren, statt der alten Autoren nur noch schlechte
Zeitungen zu lesen? .... Wird man nicht bald sagen
müssen: zur Verdummung der Menschheit hat nichts
so sehr beigetragen als die Erfindung der Buchdrucker=
kunst? Die Mühe des Abschreibens gab man sich
im Mittelalter nur bei bewährten und allgemein als
gut anerkannten Büchern. Handschriften schlechter
Werke gibt es nur wenige. Jetzt wird jede Dumm=
heit gleich in zwölfhundert Exemplaren gedruckt,
und die Organisation unseres Zeitungswesens bringt
es mit sich, daß da jeder grüne Junge über Gegen=
stände absprechen darf, die vielleicht siebentausend
Fuß über seinem Niveau liegen. — Diese ewige
Zeitungslectüre hat bereits eine völlige Verflachung

unserer Jugend herbeigeführt. Täglich wird dieses
billige Futter in Massen hingeschüttet und in Massen
verschlungen. Rasch und gewissenlos geschrieben, wird
es oberflächlich und unaufmerksam gelesen. Daher
die Flüchtigkeit und Zerstreutheit unserer Schüler, der
Mangel an Energie und fester Ueberzeugung bei den
Eltern, von dem Verderb der Sprache gar nicht zu
reden, der auch auf die Leser übergeht, wenn sie das
ganze Jahr nicht mehr markig geprägte Sätze lesen,
in denen eine wohlerwogene Ueberzeugung ihren
klassischen Ausdruck findet, sondern lüderliche Sudeleien,
wie sie irgend ein Horribiliscribilifax, um die Spalten
seines Blattes zu füllen, hingeworfen hat."

„Du hast ja so Recht, Papa," erwiderte Alex, indem
er sich erhob, „ereifere Dich nur nicht. Nach dem
Essen ist das entschieden schädlich."

Auch Lutz stand auf und lachte: „Nur die
Reichstagswahl will ich noch abwarten, dann lese ich
nichts mehr als Handschriften und will einmal proben,
wie man sich dabei steht." Und, indem er die Melodie
aus Jessonda pfiff: „das theure Vaterland zu retten,"
zog er nach seiner Schule ab.

„Unnütze Jungen," sagte der Rector lächelnd. „Es
gibt Zeiten, in denen ich nichts lese, was nicht
mindestens zweitausend Jahre alt ist, und nie fühle
ich mich wohler als bei diesem vornehmen Umgang."
Damit erhob auch er sich, und während Mutter und
Tochter ihre Handarbeiten hervorsuchten, ging der
alte Herr, um sein gewohntes Ruheplätzchen zwischen

den grünen Büschen aufzusuchen. Die Amseln, die
um ihn her huschten, legten ihm die Frage vor, ob
die Thierwelt denn gar keinen Veränderungen unter=
worfen sei, während doch die Menschheit in so kurzen
Zeiträumen sich immer aufs Neue wieder umgestaltet
habe. Wie seine Familie sich wohl darstellen würde,
dachte er, indem er sich behaglich an den alten
Nußbaum zurücklehnte, wenn sie wirklich in einem
Städtewesen des Mittelalters zu leben hätten? Aber
hätte er dann überhaupt eine Familie? fragte er sich.
Warum nicht? Eine eigentlich gelehrte Beschäftigung
gab es damals freilich nur im Kloster. Aber die
Herstellung der Pergamente, die kunstvolle Malerei
der Anfangsbuchstaben und Miniaturen rühren nicht
alle von Klosterleuten her. Warum hätte er seiner
Liebhaberei für die alte Literatur nicht damals eben
so gut leben können wie heute, und in der engen
Beschränkung auf seinen Kreis wahrscheinlich un=
gestörter und glücklicher? „Das Gute hatte der
mittelalterliche Priesterstaat," dachte er, „die Welt
bewegte sich in festen Formen, und in solche findet
sich das Menschenherz am leichtesten. Erst mit dem
Juristenstaate ist die Unruhe in die Welt gekommen,
die alles Behagen aufhebt." Indem er sich in diesen
Gedanken vertiefte, sah er eine stille Stadt am Rheine
vor sich, mit runden Bogenmauern und festen Thürmen.
In den Straßen bewegten sich stattlich gekleidete
Bürger und ehrbar verhüllte Frauen. Hier und dort
ritt ein gepanzerter Reiter dem Thore zu. Die

Glocken riefen zur Messe, und die Arbeiter ließen die Hände eine Weile ruhen und beteten ein Paternoster. Timotheus aber, in einen schlichten braunen Wollrock gekleidet, der inwendig mit Schafpelz gefüttert war, trat in ein schmales Giebelhaus, wo er in niederem, eichengetäfeltem Zimmer seine Familie versammelt fand.

V.

Obwohl vier Personen in der geräumigen Stube beisammen waren, herrschte in derselben andächtige Stille. An dem einen der schmalen bleiumfaßten Fenster saßen Mutter und Tochter, damit beschäftigt, auf ein kostbares weißes Tuch eine breite Borte von goldenen Fäden zu sticken. Frau Sophia hatte den oberen, die blonde Dora den unteren Saum des Meßrocks vor sich, und unter ihren kunstfertigen Händen rückte die Arbeit rasch voran.

An dem anderen Fenster stand ein großer, eichener Tisch, an dem Alexius und Lutz emsig auf weißes Pergament rothe und goldene Buchstaben malten, nach dem Muster einer großen Rolle, die zwischen ihnen lag. Die Sonne fiel auf das glatte, über der halben Stirne gerade geschnittene Haar der Jünglinge, das golden erglänzte. Sie aber rückten zur Seite, weil der lästige Schein ihnen das Auge blendete. Der Eintretende wendete sich zunächst nach einem Gefäße mit Weihwasser, das unter einem Bilde der Mutter Gottes angebracht war, befeuchtete seine

Finger und machte das Zeichen des Kreuzes. Dann
erst sagte er, mit dem Kopfe nickend: „Gottwillkommen!"
und ließ dabei sein treues Vaterauge über alle die
lieben Häupter hingehen, bis es schließlich mit Wohl=
gefallen auf den feinen Zügen feiner Theodora haftete,
die, über ihre Arbeit geneigt, eifrig weiter stickte.
Ruhig, wie er eingetreten, nahm der Meister auf dem
Stuhle zwischen feinen Söhnen Platz, und nachdem
er aus der Schublade ein fein geglättetes Blatt her=
vorgeholt, begann auch er an einem Miniaturbilde
zu malen, das unsere liebe Frau mit dem Jesuskinde
darstellte. Gar lieblich waren die geschnörkelten
Buchstaben mit den bunten Figuren verschlungen.
Die Mutter Gottes hatte einen goldenen Rock und
wurde von einem rothen Drachen verfolgt, der sich
um einen blauen Buchstaben ringelte. In der Stube
war es so still wie in der Kirche, und Alle achteten
nur darauf, wie stetig die liebe Arbeit vorrückte.
Nur wenn drüben auf dem Dome in kurzen Zwischen=
räumen das helle Glockenspiel ertönte, sprachen die
Frauen ihr: „Gelobet seist Du, Maria" — oder
„Unser täglich Brot gib uns heute" — und die
Männer stimmten halblaut in die Gebete mit ein.
Als dann aber, um die neunte Stunde, alle Glocken
der Stadt feierlich zusammenläuteten, erhob sich der
Meister und sagte, indem er Lutz die Hand auf sein
von eifriger Arbeitslust glühendes Haupt legte: „Liebes
Kind! Willst Du Deine Feier wohl halten, so sollst
Du des Tages gern zur Kirche gehen und dort nach=

holen, was Du an Gebeten versäumet hast. Wenn
Du ihrer pflegen kannst, sollst Du die Messe gern
hören. Um die Zeit ist es niemalen schade. Du
sollst keinen Tag sein ohne Messe. Darum rühre
kein Grün mehr ein, Alexius. Du kannst den
Paradiesesbaum am Mittag malen. Die Palmen=
weihe beginnt, und obwohl uns die Zeit knapp ist,
würde der viel tugendhafte Christ unsere Arbeit übel
segnen, wenn wir die Fasten damit schlössen, daß
wir die Kirche versäumen." Da erhoben sich auch
die Frauen, legten ihren Meßrock zusammen und
verwahrten ihn wohl in einer festen Truhe. Die
Mutter legte ein Tuch über das graue Haupt, nach
Weise der Matronen, und schlug es um Schulter
und Kinn, also daß sie einer Nonne oder Beguine
glich, Theodora aber setzte eine rothe Kappe auf,
unter der ihre schönen blonden Haare in zwei langen
Flechten auf den Rücken hinabfielen. Nachdem auch die
Brüder ihre Mützen mit den bunten Federn über die
Lockenköpfe gestülpt hatten, schloß der Vater sorglich
die Läden an den Fenstern und legte eiserne Stangen
vor zum Schutze gegen schlechte Nachbarn. Dann ver=
ließ die Familie das Haus, in dem nur Sabine, die alte
Magd, zur Aufsicht zurückblieb, was aber Timotheus
nicht abhielt, auch das Hausthor wohl zu verwahren.

Durch die schmale Gasse, die durch hervorspringende
Erker und in die Straße hinausgebaute Stockwerke
noch mehr eingeengt war, zog sich ein langer Menschen=
strom, dem die Familie des Malers sich anschloß.

7*

Je weiter sie kamen, um so dichter ward das Gewühl, und als der Domplatz sich hell und weit vor ihnen aufthat, fanden sie die Kirche des heiligen Alban umlagert von einem festlichen Gedränge. Da waren adelige Frauen mit hohen trichterartigen Mützen, von deren Spitze ein Schleier herabwehte, und junge Fräulein in schön geschwungenen Fischerhüten, aus= geschlagen mit rothem und blauem Sammet, aus dem die frischen Gesichter lieblich hervorglänzten. Gar schmal flossen die engen Gewänder am schönen Leibe der Frauen hin, während die offenen Aermel weit und faltig bis zum Knöchel des Fußes herabfielen. Die Aermeren aber trugen überhaupt nur ein einzig Gewand, aus dessen runden Armlöchern die von der Kälte gerötheten Arme herausschauten. Noch bunter fast als die Frauen waren die Männer gekleidet. Hochgemuthe Ritter und ehrbare Knappen sah man in Menge, denn wiewohl sie nicht gelüstete, den guten Pfaffen zu beichten, so wollten sie doch der Messe nicht vorbeigehen, auf daß es Gott löblich und allen Frommen tröstlich sei, zu sehen, wie sie die Kirche in Ehren hielten. Sittig trat ihr Ingesinde, Herolde und Pagen, hinter ihnen einher, hinten und vorne mit Wappen benäht. Manchem schönen Knaben lief der Wappenstreifen quer über die Brust auf gelbem oder rothem Rock. Anderer Gewänder waren längs des Leibes gespalten, auf der einen Seite einfarbig braun oder grau, und auf der anderen gestreift oder gewürfelt in allerlei grellen Farben. Nur Harnisch

und Helm fehlten heute, da es verboten war, das
Haus des Herrn gewappnet zu betreten. Als Timotheus
sich mit seiner Familie durch dieses bunte Gewühl
hindurchgearbeitet hatte, fanden sie den Dom des
heiligen Alban bereits mit einer dichten Menge gefüllt,
die unter den lichten Rundbogen des Gewölbes sich
in dem weiten Raume stieß und drängte. Frau
Sophia schlug sich mit ihrer Tochter Theodora nach
einer Seitencapelle hindurch, wo auch andere Weiber
knieten. Timotheus mit seinen beiden Söhnen fand
ganz vorn im Schiffe noch einen Raum, um sich mit
anderen Andächtigen vor dem Allerheiligsten zur Erde
zu werfen. Die Aussicht auf den Chor war halb
verdeckt durch eine rothe Wand, vor der der Stuhl
des Erzbischofs aufgestellt war, und mit Andacht
lauschte Timotheus dem „Hosiannah dem Sohne
David's", das ein unsichtbarer Chor schöner Frauen=
stimmen von oben erschallen ließ. Als die himmlische
Weise verklungen, sah sich der fromme Maler einem
jungen Diaconen gegenüber, der mit heller silberner
Stimme die Geschichte vom Auszuge der Kinder
Israel las, die auf ihrem Zuge durch die Wüste an
die zwölf Wasserbrunnen und die siebzig Palmbäume
von Elim kamen, als an ein Wahrzeichen, daß Gott
sie erlösen wolle. Ein Chor von Männerstimmen
fiel dann ein und erzählte in ernsten Weisen von der
Verschwörung der jüdischen Priesterschaft gegen Jesus.
Alsbald aber nahm der Diacon wieder das Wort
und sang in langgezogenen melodischen Tönen das

Evangelium vom Einzuge des Herrn in Jerusalem.
Während die Orgel dazu die Sequenzen spielte und
ihre brausenden Töne den Dom erfüllten, sah Timotheus
zu seiner großen Freude den gnädigen Erzbischof in
eigener Person aus dem Chor hervortreten und auf
seinem Throne Platz nehmen. „So muß ich klagen,“
dachte der Maler, „Theodora nicht hierher geführt
zu haben, daß sie des Anblicks Seiner Gnaden auch
sich könnte ersättigen, wie sie so oft schon gewünscht
hat.“ Bald aber traten Knaben mit Weihrauchfässern
vor den hohen Herrn, und nur noch durch blaue
Rauchwirbel konnte die fromme Christenheit sich
überzeugen, wie Seine erzbischöfliche Gnaden selbst
die Palmen weihte, die weither aus fremden Landen
gekommen waren, vermischt mit immergrünen Stech=
palmen vom Niederwalde und etlichen frischen Maien
und Zweigen der gelben Cornelkirsche, wie sie der
nahende Frühling in sonnigen Gärten hatte erblühen
lassen. Die Nonnen aber sangen oben vom Gewölbe her
wie unsichtbare Engelsstimmen von den Kindern der
Hebräer, die ihre Kleider auf den Weg ausbreiteten
und riefen: „Hosiannah dem Sohne David's, gelobet
sei, der da kommt in dem Namen des Herrn, und
sie nahmen Oelzweige und Maien und gingen dem
Herrn entgegen, schrieen und sagten: Hosiannah in
der Höhe.“ War wieder ein Palmzweig geweiht,
so brachte ihn ein Chorknabe einem der in der Nähe
des Erzbischofs thronenden Domherrn oder den im
Schiffe knieenden Fürsten und Rittern. Die Raths=

herren aber empfingen Stechpalmen und die Bürger
knospende Zweige, so weit der Vorrath reichte. Auch
Timotheus und seine Söhne, da sie nahe standen,
erhaschten Jeder sein Reislein. Als Timotheus zur
Seite schaute, welcherlei Maien sein Nachbar, ein
alter Mann, erhalten habe, sah er, wie dieser einen
halb entfalteten Ulmentrieb langsam verzehrte, um
das Jahr über gegen Krankheit gefeit zu sein. Da
nahm auch er die Stunde wahr und wendete sein
Stechpalmenzweiglein und rührte mit dem Stile emsig
im Ohre, damit der böse Fluß nicht wiederkehre, den
er sich auf der Reise von dem heiligen Köln nach
dem goldenen Mainz im kalten Rheinnebel zugezogen
hatte. Sobald so die Gaben vertheilt waren, steckten
vier stämmige Kleriker Tragstangen durch die Ringe
an dem erzbischöflichen Throne, um ihn in Procession
umherzutragen. An die Spitze derselben trat ein
Subdiacon mit großem goldenen Kreuze. Als Timotheus
ihn erblickte, sah er nach der Capelle, in der er seine
Frau und Tochter vermuthete; denn sie alle kannten
diesen hohen, bleichen Priester. Er aber war ihnen
gram, und als er an Timotheus vorüberkam, blickte
er mit den dunkeln, tiefliegenden Augen nach der
anderen Seite. Hinter ihm kamen weißgekleidete
Chorknaben mit qualmenden Weihrauchfässern und
ihnen folgten andere mit fliegenden Kirchenfahnen.
Die Diacone aber hatten inzwischen Seiner erzbischöflichen Gnaden ein neues violettes Meßgewand über-
geworfen und ihm eine noch herrlichere, glänzendere

Krone aufgesetzt, und als der hohe Kirchenfürst sich
fest in seinem Throne zurechtgerückt, faßten die Träger
die vier Enden ihrer Tragstangen und hoben den
heiligen Stuhl sammt seinem Inhaber auf ihre
Schultern. Der schöne majestätische Greis ragte so
eine volle Manneshöhe über seine Gemeinde empor,
also daß selbst der lange Maler ihm nur bis an die
Füße reichte, und während die Procession sich in
Bewegung setzte, spendete der würdige Metropolit nach
allen Seiten seinen Segen. So ging es mit wehen-
den Fahnen durch die Pforten der Kirche, die hinter
den letzten Chorknaben sich schlossen, und unter dem
blauen Frühlingshimmel wehten die Paniere gar
lustig, die Weihrauchwirbel stiegen fröhlich empor,
und die Monstranz glänzte gleich einer Sonne. Rings
um den Albansplatz zog die Klerisei und der Prälat
spendete der knieenden Menge den Segen; auf dem
Rückwege aber ward der Erzbischof unter der Vorhalle des Domes niedergesetzt, und nun erhielt auch
die Menge, die keinen Platz in der Kirche gefunden,
Zweige von Stechpalmen und grüne Maien, wie sie
die Meßknaben in weißen Gewändern den Priestern
aus ihren gefüllten Körben zureichten. Während dessen
stimmten die in der Kirche zurückgebliebenen Sänger
das Gloria an. Gerührt hörte der Maler die Weisen,
die einst Abt Theodulph von Orleans aus seinem
Kerker gesungen hatte, während die Palmsonntags-
procession Ludwig's des Frommen an seinem Ge-
fängnisse vorüberzog. Der draußen stehende Chor

aber antwortete mit dem Antiphon, und immer an=
dächtiger lauschte die Gemeinde im Dom auf die
frohen Töne draußen und die außenstehende Menge
auf die klagenden Stimmen, die von innen heraus=
drangen. Als dann die Töne verklungen, klopfte der
bleiche Subdiacon, der die Procession anführte, mit
seinem goldenen Kreuze an dem geschlossenen Thore
zum Zeichen, daß es das Kreuz sei, das die Himmels=
pforten öffne, und das Thor wurde aufgethan. Die
Chorknaben hatten sich inzwischen draußen mit Körben
voll Blumen versehen. Weiße Schneeglöckchen, duftende
Hyacinthen, gelbe Crocusblüthen, blaue Veilchen hatten
sie in ihren Körben und blumenstreuend kehrte der
Zug in die Kirche zurück. Während die Frauen die
Blumen vom Boden aufrafften und sorglich in ihrem
Busen bargen, wurde der Erzbischof an seinem alten
Platze vor der rothen Wand, wo er zu Anfang ge=
thront, niedergestellt, und die Träger wischten sich
erhitzt ihre glühenden Gesichter. Der hohe Herr aber
erhob sich und trat zum Altar, um in Person das
Meßopfer für seine Gemeinde darzubringen, wobei ihm
zwei Weihbischöfe ministrirten. So, dachte Timotheus,
wolle er den schönen Greis demnächst in dem Evan=
gelienbuche abconterfeien; denn gar zu herrlich sah
er aus in der neuen Stola, mit der ihn die Diacone
bekleidet hatten. Da ertönte das Glöcklein, und nun
warf sich die ganze Schar der Gläubigen in frommem
Schauer zur Erde, bis ihr der würdige Herr mit
schwacher, zitternder Stimme seinen Segen ertheilte.

Mächtige brausende Tonwellen schüttete die Orgel
über die weiten Hallen aus. „Halleluja, halleluja,“
schallte es von oben, und die Menge drängte durch
den Ausgang nach der Straße, wo inzwischen der
schönste Frühlingstag aufgegangen war. Timotheus,
der mit brünstiger Andacht dieser Reihe ergreifender
Handlungen gefolgt war, sah sich, als Alles zur Thüre
drängte, fast ohne sein Zuthun durch die wogende
Menge vorwärts gezogen und geschoben. Auch draußen
war er noch immer nicht Herr seiner selbst. Erst an
der Ecke, an der seine Straße abbog, entstrickte er
sich mit Gewalt dem bunten Gewühle, und auf die
Vortreppe eines Giebelhauses flüchtend, spähte er in
die Bahn, durch die die Menge hervorquoll. Aber
lange mußte er warten, bis hinter einer Schar gepußter
Gecken mit Hahnenfedern und klingenden Schnabel=
schuhen, die bereits wieder von Ritterspiel und Sanges=
preis sprachen, endlich die schlichten Röcke seiner Söhne
und nach einer Weile auch das nonnenhaft vermummte
Haupt Sophiens und das rothe Käppchen Theodora’s
aufleuchteten. Nur langsam gab die Schar der ge=
freundeten Frauen sie los, denn die schöne Theodora
konnte gar minniglich grüßen, und es gab hier und
dort noch Rede und Widerrede. Mit freundlichem
Kopfnicken begrüßte der Maler die Seinen, die ihre
geweihten Zweiglein in den Händen, schweigsam hinter
ihm hergingen. Nach einer Weile hörte er seine Frau
fragen: „Er war wieder da?“

„Ja, Mutter“, erwiderte Theodora.

„Hat er Dich wieder angeredet?"

„Nein," sagte Dora. „Aber aus seinem geschnitzten eichenen Stuhle heraus schaute er mich ständig an, so daß ich mich nach einer ganz anderen Seite schicken mußte als Die, die neben mir knieeten, ehe der Schimpf ein Ende nahm. Auch als er dann das Kreuz tragen mußte, sah er sich zweimal nach mir um." Der Vater runzelte die Stirne. Er wußte, von wem die Rede war.

Nachdem die kleine Familie ihr Haus wieder er= reicht hatte, begab sie sich nach dem von der Straße abgelegenen geplatteten Gemache, wo über der Feuer= stelle ein gewaltiger Rauchfang sich öffnete. Dort hatten die Frauen schon vor dem Kirchgange die mageren Fastenspeisen gerüstet, um welche Eltern und Kinder sich nunmehr niederließen. Der Hausvater sprach das Gebet, und schweigsam, wie es ihre Sitte war, wurde die Mahlzeit eingenommen. Als dann die Söhne sich entfernt hatten, fragte Timotheus seine Tochter: „Der Subdiaconus ist Dir wieder lästig geworden mit seinen Blicken, so hörte ich Dich sagen?"

„Ja, Vater," erwiderte die Tochter erröthend: „So oft ich zur Kirche komme, fügt er sich in meine Nähe; bald schaut er so, daß ich große Schmach trage, wenn es die Gespielinnen sehen, oder sind wir allein, so rückt er baß herzu und will zu mir reden. Damit hat er mir gar viel zu leid gethan, und ich wollte, die Brüder gäben ihm den Lohn. Ich mochte ihn schon damals nicht leiden, als er in Köln unser Hausgenosse war. Er war ein hastig unleidsamer

Knabe, damit man nicht wohl mochte auskommen.
Niemand wollte mit ihm zu schicken haben, und er
pflegte böse zu sprechen hinter der Leute Rücken.
Du aber hattest mich gelehrt, wo Du siehest einen
Menschen, der gern Achtersprach spricht, den sollst
Du fliehen. Ich gedachte nicht, ihn wieder zu sehen,
und nun, daß er ein Pfaffe geworden ist, dünkt es
mir schimpflich, daß er mich also verfolgt."

Timotheus' Antlitz verfinsterte sich, und er schaute
gramvoll auf den Holzteller, der vor ihm stand.
„Meine Ehr' ist worden klein," dachte er, „seit ich
von Köllen hierher gekommen bin. Es steht mir
lästerlich, wo man von meinem Kinde Solches redet.
Wäre ich jung, wollt' ich ihm Eines geben zum Ohre,
daß man ihn müßte vergraben. Aber ich bin ab=
gekommen der Jahre, da man das Schwert schwingt,
und er ist ein Pfaffe, da ihre Brüder nicht wohl mit
mögen kämpfen. So klag' ich Dir's, Herr Domine,
daß Du mir mein Kind in Deine Obhut nehmest."
Dann wandte er sich mild zu seiner Tochter und
sagte: „Geringen Dank habe ich gehabt von der Gut=
that, die ich Herrn Marcus erwies. Du weißt, er
ist eines Ritters Sohn, aber Vater und Mutter hat
er nie gekannt. Sein Vater war ein gar freudig'
Mann und hatte ein froh und gut Gemüth. Darum
war er mein guter Geselle. Aber keines guten Rathes
belud er sich, als er des reichen Schultheißen Tochter,
die eine Waise war, freite, denn sie hatte einen harten
und stolzen Sinn. Da kam, ehe der Sohn geboren

war, die Fehde mit dem Herzog von Burgund. Wir entboten der Stadt unseren willigen Dienst, und mein Freund nahm eine Rotte und ritt an den Graben. Mit scharfen Hellebarden und Spießen wollte der Herzog in die Stadt dringen. Wir aber warfen ihn zurück. Mit Hauen und mit Stechen durchbrachen wir seine Reihen und verfolgten ihn noch weit ins freie Feld. Da war große Freude bei den Bürgern und die Stadtpfeifer bliesen auf der Mauer: „Hat Dich der Schimpf gerauen, so zieh' nur wieder heim" und das Andere: „Zieh' du nur wieder hin, wo du gewesen hast und binde deinen Gaul an einen dürren Ast." Ich aber sagte meinem Freunde: „Geh' wieder zu Deiner schönen Frauen; sie wird sich ängsten." Er aber wollte nicht, sondern blieb an meiner Seite. So fanden wir einen Knecht, der war ab der Schlacht gekommen, und Marcus wollte ihn zum Gefangenen machen. Der senkte auch seinen Spieß, als aber Marcus näher trat, stieß der Knecht ihm das Eisen in die Brust, also daß Marcus vom Pferde fiel, der Knecht aber lief von dannen. Da sah ich mit Schreck, wie die grüne Heide sich färbte von dem Blute meines guten Gesellen. Damit die Pferde nicht über ihn hingingen, trug ich ihn aus dem Felde nach einem nahen Tann; aber es war aus mit ihm. Hastig winkte er mir, daß ich seine letzten Worte vernähme. In solch' unglückhaftiger Stunde that ich dem todt=wunden Manne das Gelöbniß, daß ich seinem Weibe, das geringe Freundschaft hatte, und dem ungeborenen

Kinde wolle Beistand thun. Gleich darauf sank mir
sein Haupt in den Schoß. Gott walte seiner Seele!
Ach, reicher Christ vom Himmel, was war das für
ein Jammern und Klagen, als ich der Frau den Tod
ihres Liebsten mußte anzeigen. Gar jämmerlich konnte
sie weinen, also daß einem das Herz mußte weh=
thun. Deine Mutter, damals noch eine wonnesame
Jungfrau, war der jungen Wittib vertraut. Ich sage
Dir bei der Treue mein, tröstlicher konnte kein Pfaffe
der armen Seele zureden, als sie es that. Damals
lernten wir uns kennen. So kam es, daß sie Gothe
des Knaben wurde und ich Pathe, als er geboren
war. Bei seiner Taufe, bei der viele fromme Gäste
waren, machten wir unser eigen Bündniß richtig.
Kaum aber war mir Deine Mutter in das Haus
meines Geschlechtes am Zwinger gefolgt, da erkrankte
die Mutter des kleinen Marcus, die den Gram um
den Gatten nicht hatte verwinden können. Wir sahen
gleich, daß es aus mit ihr sei, und nachdem sie ihr
Gebet gesprochen hatte, ließ sie die Seele von sich.
Der Knabe aber hatte Niemanden, denn der Vater
war aus den Niederlanden gewesen, und die reiche
Mutter war die Letzte ihres Geschlechts. Unsere
sondern guten Freunde, die Meister, Schultheißen
und Räthe redeten uns nun zu, daß wir den Knaben,
auf den ein großes Erbe wartete, als Ziehkind zu
uns nehmen sollten, denn die Stadt wollte den zer=
gänglichen Reichthum nicht an Fremde kommen lassen.
So begannen wir zusammenzutreten und griffen's

fröhlich an. War er doch der Sohn meines liebsten
Gesellen. Wir haben ihn auch freundlich und tugend=
lich erzogen, aber viele Freude ist uns nicht geworden
aus unserer Gutthat. Keiner Stunde ward der Knabe
froh. Er hatte ein bitter Gemüth, das mehr Galle
als Honig in allen Dingen fand. Es war allerwegen,
als wäre er durch das schwere Geschick der Mutter
schon vor der Geburt verdüstert, und als habe der
rothe Mars, der den Vater erschlagen, über seiner
Wiege geleuchtet. In allen Sachen war er hinderisch
und wollte sich nicht schicken schon in seiner kindlichen
Jugend, und mit unseren eigenen Knaben hielt er
geringe Freundschaft. Hättest nicht Du seinen Part
gegen Deine Brüder genommen, so hätte ich ihn schon
viel früher von mir thun müssen, denn das Haus war
stets voll Zank und Geschrei, sobald ich nur den
Rücken wendete. Als Marcus erwachsen war, schien
eine Weile sein Sinn freundlicher und sein Herz
offener gegen uns zu werden. Doch eilte ich, den
Rath zu ersuchen, ihn mündig zu sprechen. Du wuchsest
heran, und mir war lieber, wenn er schied, denn er
hatte Augen, die mir nicht gefielen. Der Rath that
nach meinem Willen und erklärte ihn für reif, sein
Eigenthum selbst zu verwalten. Vor dem Aldermann
legte ich ihm Rechnung. Er nahm das Seine, dankte,
und zu meinem Erstaunen bat er mich, ihn dennoch
zum Sohne anzunehmen, da Du sein Herz gewonnen
hättest, und er Dich zu seiner Hausfrau zu machen
begehre."

Theodora fuhr bei diesen Worten des Vaters auf, als ob sie noch nachträglich jeden Verdacht ab= wehren wolle, den Knaben ermuthigt zu haben. Der Meister aber winkte ihr mild mit der Hand und setzte seine Erzählung fort.

„Mir war das unlieb, denn ich mochte den nicht zum Eidam, der mir als Mündel so wenig Freude gemacht hatte. Auch sorgte ich), er werde sich mit Deinen Brüdern um nichts besser vertragen, wenn er ihr Schwager sein würde. Leicht konnte ich sagen, Du seiest zu jung. Aber er hätte geantwortet, dann wolle er warten. Da bot sich zum Glück ein anderes Hinderniß, das ich ihm entgegenhalten durfte. Ihr seid geistliche Geschwister. Die Kirche verbietet, das Kind seines Pathen zu heirathen, da dasselbe als geistliches Geschwister, zu gelten habe. Nun war so= wohl ich sein Pathe als die Mutter seine Gothe; das war nach geistlichem Recht ein zwiefaches Hinder= niß seiner Wünsche. Das sagte ich ihm; aber der junge Lecker lachte mir ins Angesicht und wollte einen solchen Grund nicht gelten lassen. Da wies ich ihn an den Bischof. Leichten Herzens ging der Fratz nach der Gereonskirche, um sich mit den Pfaffen zu berathen. Mehrere Tage hörte ich dann nichts von ihm. Endlich kam er verstört und verwildert zurück. Die Haare hingen ihm ins Gesicht, seine Kleidung war zersetzt. Ob er im Walde gelegen oder in schlechten Häusern, weiß ich nicht; aber er sah aus, als ob er gegen sich selbst gewüthet hätte. Jetzt aber war

Windstille eingetreten, der Sturm hatte ausgetobt.
Wie ein Trunkener trat er in das Haus und streifte
an den Wänden. Ich wollte ihn anreden, aber ohne
Gruß schritt er an mir vorüber. Auf seiner Kammer
packte er seine Habseligkeiten zusammen. Dann hörte
ich ihn die Treppe herabkommen. Aber er trat nicht
ein, um Abschied zu nehmen, wie ich erwartet hatte.
Durch das Fenster sah ich, wie er, seinen Pack auf
dem Rücken, die Straße nach dem Rheine einschlug.
„Ist das Dein Dank für Alles, was ich zwanzig
Jahre an Dir gethan habe," dachte ich für mich, „so
fahre hin. Gott behüte mich, solchem herzlosen Gauch
mein Kind zur Ehe zu geben." Ja, ich schämte mich
so in seine Seele hinein, daß ich Deiner Mutter ver=
bot, Euch Kindern von seinem schnöden Abschiede zu
sagen. Das also war der Grund, warum er sein
Haupt scheren ließ. Damals wollten wir es Dir
nicht melden, um Dir den Frieden der Seele nicht
zu verstören. Auch sahen wir bald, daß Du den
launischen Knaben nicht vermißtest und so froh warst
wie die Anderen, daß er den Platz geräumt hatte.
Er aber hatte in Köln einen alten Pfaffen gekannt,
der war ein Schüler von Albertus Magnus, dem
großen Zauberer. Der kannte alle Kraft der Elemente,
den Umschweif der Sonne und den Zirkel und Reif
des Mondes. Er berechnete den Oryzon und Zodiacus
und den Polus Arcticus, den Umlauf des Firma=
ments und der Planeten Wiederkunft. Bei dem war
er viel gelegen, denn solche grüblerische Kunst war

seinem Gemüthe lieb. Sein Meister aber war in
bösen Leumund gerathen, als ob er Geister beschwöre
und ein Zauberer sei und den redenden Topf seines
Lehrers Albertus im Geheimen noch besitze. Darum
hatte er Köln verlassen und war gen Mainz gezogen.
Ihm folgte nun auch Marcus nach. Durch einen
seiner Gespielen erfuhr ich dann, sein Gut habe er
bei seiner Abreise einem Kaufherrn in sein Geschäft
gegeben, damit er es ihm mehre, er selbst aber sei mit
kleiner Zehrung gen Mainz gefahren, um in der be=
rühmten Priesterschule des heiligen Rhabanus Maurus,
wo sein Lehrer jetzt die Mathematicam lehrte, Schüler
zu werden. Dort hat er sich dann auch zum Pfaffen
scheren lassen. Als nach Jahr und Tag der Ruf
kam, ich solle gen Mainz kommen und für die Bücherei
des Stiftes die Bilder und Initialen malen, dachte
ich bei mir, ob sie etwa von ihm meine Kunstfertigkeit
hätten rühmen hören, und er so habe gut machen
wollen, was er in seiner trüben Verstörung gegen
mich vergangen; aber als ich ihm hier in dem Kreuz=
gange des Stiftes zum ersten Male begegnete, schaute
er zur Seite, als kenne er mich nicht. Da sah ich
wohl, daß sein Herz noch immer voll Gift und
Galle ist."

Der Vater schwieg, um die Antwort der Tochter
zu erwarten. Sie aber senkte die Augen und blieb
stumm.

"Ich sage Dir das Alles jetzt," fuhr Timotheus
fort, "damit Du Dich vor ihm hütest. Es war mir

unlieb, von der Mutter zu hören, daß er Dir nach=
stellt. Ich weiß, daß ich mich auf Dich verlassen
kann und Deine Tugend kein Presten hat. Aber hüte
Dich vor Gewalt. Schon mehr als eine brave Magd
ist durch List ins Kloster gelockt worden, um nie mehr
zum Vorschein zu kommen, oder man fand sie wieder
als fahrendes Weib, wenn nicht gar die Fischer sie
als Leiche aus dem Strome zogen."

Theodora erbleichte, und sagte dann leise: „Ich
habe der Mutter nicht Alles gesagt."

Die Mutter, die mit bekümmertem Antlitz am
Herde gesessen hatte, schaute erschrocken auf und ließ
vor Entsetzen die Hände in den Schoß sinken. Auch
Timotheus erbleichte, und der Athem stand ihm still,
was er wohl weiter noch hören werde?

„Mir ist groß Weh geschehen," sagte die Jungfrau
mit einer Stimme, in der eine Thräne zitterte. „Habe
ich es verschuldet, so gib mir harte Buße oder sagt
mir, was ich an mir habe, daß er so geringe Furcht
vor mir hat, das will ich lernen. Zu Lichtmeß, als
ich in der Frühkirche war, kniete ich allein in der
Capelle der Gottesmutter. Da hörte ich Schritte
hinter mir, und ein langer Schatten fiel über mich.
Ich wußte gleich, daß Marcus es sei. Hinter mir
ließ er sich auf dem Betschemel nieder und beugte
den Kopf nach mir vor. „Dora," sagte er, „warum
willst Du mich nicht mehr kennen, da wir doch Gespielen
gewesen sind? Ohne Dich wäre ich nicht in diesem
schwarzen Kleide. Daß Dein Vater mich von sich stieß, das

hat mich zum Pfaffen gemacht, aber ich tauge dazu
nicht. Und weißt Du, warum ich nicht tauge? Weil
ich Dein Bild nicht los werden kann. Eine Weile
war ich glücklich hier. Ich saß ruhig über meinen
Büchern, und es machte mir Freude, den Menschen
zu befehlen. Dann aber stieg Deine Zierde und
Schönheit wieder in meinen Träumen auf. Dein
Bild, das viel schöne, tanzte mir vor meinem Brevier;
es begleitete mich auf meinen Gängen, es besuchte
mich im Schlafe. Nachtwachen, Studien, Fasten und
Beten halfen nichts gegen diese Anfechtung. Ich
fühlte, daß ich Dich besitzen müsse oder untergehen.
Schon dachte ich daran, wie ich den schwarzen Rock
abwerfen könne, um nach Köln zurückzukehren. Du
weißt, ich bin reich und in meinen schlaflosen Nächten
habe ich ein Mittel ergrübelt, wie ich Deinen Vater
kirre machen kann. Er wird nicht mehr nein sagen.
Auch Deine Mutter nicht. Die hohen Weihen hab
ich noch nicht und wir können in ein Land gehen,
wo sie nach geistlicher Verwandtschaft nicht fragen
und uns zu Mann und Frau machen." Als ich ihm
nicht antwortete, fuhr er fort: „Du weißt noch nicht,
daß ich es war, der Euch hierher brachte. Mucius,
der alte Dompropst, hatte neue Schreiber angestellt
für die Bücherei; aber Initialen und Bilder konnten
sie nicht malen. Da sagte ich ihm, Herr, laßt meinen
Pathen Timotheus aus Köln kommen. Er und seine
Söhne sind die Geschicktesten in diesem Fache und
seine Frauen löblich wissen Seide zu wirken und

Sammet zu sticken, daß sie die Nonnen im Kloster lehren könnten. So kam es, daß Dein Vater das stattliche Angebot erhielt, und durch mich seid Ihr hier. Ich aber wollte nicht den Pinsel Deines Vaters und Deiner Brüder. Dich wollte ich. Ich bin nicht mehr ein träumerischer, grilliger Knabe, ein Mann bin ich, der seinen Antheil am Glück des Lebens verlangt und sich sein Recht weder von Eltern noch von Pfaffen vorenthalten läßt." Indem er so flüsterte, war er mir immer näher gerückt. Sein heißer Odem schlug wie eine Flamme in mein Ohr. Und fast herrisch rief er schließlich: „Antworte! Willst Du oder willst Du nicht?" Bis dahin war ich wie ge= lähmt auf meiner Bank gelegen. Meine Füße waren schwach vor Erregung und Angst, jetzt aber fuhr ich auf und sagte: „Nein, nein," so laut, daß ich selbst mich vor dem Echo entsetzte, das von allen Seiten des Domes mir zurückschallte. Aber auch sein böses Gewissen schien zu erschrecken vor diesem Widerhall. Die Leute im Kirchenschiffe schauten herüber, und er zog sich eilig von mir zurück. Seitdem habe ich die Kirche nur an der Seite der Mutter besucht. Aber jedesmal taucht er hinter einem Pfeiler hervor mit seinen düsteren, Unglück verkündenden Zügen und richtet die todten Augen auf mich, vor denen ich mich fürchte. Gern will ich mich in heimlicher Be= scheidenheit halten, nur daß ich ihn nicht mehr sehen möge."

Das Mädchen schwieg.

„Ist das Alles, Dora?" fragte Timotheus, indem
er seine Augen forschend auf seine Tochter richtete.
„Alles, Vater," antwortete die Jungfrau, „so
wahr mir die Heiligen beistehen sollen im Leben und
Sterben."

Es hätte des Schwures nicht bedurft. Ihre klaren,
blauen Augen waren dem Meister Bürgschaft genug.
Nachdenklich wiegte er eine Weile das ergraute Haupt.
Dann sagte er: „Wenn ich meine Stellung hier dem
verkehrten Verlangen des Marcus verdanke, ist sie
mir leid, und ich weiß jetzt, warum ich ihrer in allen
diesen Tagen nicht froh ward. Es war mein Schutz=
patron, der mich warnte. Noch gestern Nacht sah
ich ihn im Traume, und er schaute mich traurig an;
als ich ihn aber fragen wollte, ertönte das Glocken=
spiel von St. Alban, also daß ich erwachte. Daß
Marcus ein trotzig Gemüth hatte von Jugend auf,
wußte ich wohl, aber für so schlecht hätte ich ihn
nicht gehalten. Darum also sagte der Dompropst,
der Subdiacon habe gemeint, ich solle mit meinen
Söhnen ins Stiftshaus ziehen, und die Frauen könnten
im Kloster die Nonnen lehren. Ich mußte mit meiner
Abreise drohen und das freie Geleit meiner gnädigsten
Herren von Köln anrufen, ehe sie mir dieses Häuschen
einräumten, wie sie mir bei der Berufung versprochen
hatten. Die Arbeit ist gethan, die mir Herr Mucius
fürs Erste anvertraute. Morgen wollte ich neue holen.
Nun verlange ich Urlaub, und noch vor dem Feste
kehren wir heim nach Köln. Der Fürsprache meines

Pathen Marcus will ich mein Brot nicht danken."

„Aber bedenke, Herr," fiel Frau Sophia ihrem Gatten ins Wort. Er aber schüttelte das Haupt. „Es ist Alles bedacht. Einen gehetzten Menschen muß man fliehen. Thut er Dora ein Leides, wem sollen wir es klagen? Wir sind hier im Solde des Stiftes. Sie können mit uns verfahren nach Gefallen. Also rüstet Alles. Morgen Nacht reisen wir heimwärts."

Der Maler selbst war der Erste, der damit begann, seine Pergamente, Farben und Pinsel zum Erstaunen seiner Knaben zusammenzupacken. „Schweigt vor Jedermann," sagte er ihnen, „aber beendet rasch die angefangenen Blätter, daß ich noch diesen Mittag Alles dem Propste bringe. Wir kehren mit Nächstem heim nach Köln."

„Juhu, nach Köln," jauchzte Lutz fröhlich. „Heim zu den lieben Gesellen mein! Vater, das hat Dir unser viel getreuer Schutzpatron ins Herz gegeben. Schönere Ostern sah ich nie!"

Der Meister winkte dem Knaben, das laute Wesen zu lassen. „Setze Dich an die Arbeit, daß Dein Bildchen in einer Stunde fertig sei. Ehe die Sonne sinkt, bringe ich ihnen alle ihre Rollen zurück. Jetzt bestelle ich das Schiff, damit wir morgen bei einbrechender Dunkelheit verschwinden können, denn ich sehe voraus, daß sie mich gutwillig nicht ziehen lassen."

Ein Schiffer am Staden war bald geworben. Daß er bei Nacht an eine einsame Treppe bestellt ward, fiel ihm nicht auf. Die meisten Kaufleute reisten heimlich ab, da stets irgend ein Schnapphahn auf ihre Güter lauerte. Nur wer sich selbst mit Gewappneten umgeben konnte, oder in mächtigem Geleit stand, stieß stolz bei hellem Tage vom Ufer ab und ließ die Farben seines Patrons vom Maste wehen. Der Maler aber ging nach seinem Hause. Ohne die Arbeit seiner Knaben zu loben oder zu tadeln, rollte er ihre Blätter zu den seinen und machte sich auf den Weg nach dem Capitelshause. Durch eine lange düstere Vorhalle gelangte er in einen getäfelten Saal, der ihm heute groß und finster schien, da er ihn sonst nur belebt von dem bunten Gedränge einer wartenden Menge gesehen hatte. Der Tag neigte sich eben, und durch die breiten Bogenfenster sah man draußen den goldenen Schimmer des Abendhimmels. Der Küster öffnete ihm, als er nach dem Propste Mucius fragte, eine Seitenthüre, und nachdem der Meister seine Mütze auf die Bank geworfen, die neben derselben stand, betrat er ein Erkerzimmer, das von drei Seiten helle Fenster zeigte, während in der Tiefe, den Rücken an einen steinernen Ofen gelehnt, der Dompropst Mucius saß. Der geistliche Herr hatte in seinem langen Leben dem guten Weine, den unsere liebe Frau zwischen Worms und Mainz wachsen läßt, viele Beachtung geschenkt, denn er hatte eine gute Pfründe und wenig Arbeit. Auch war er aus einem edeln Geschlechte, das sich berühmte, schon seit der Römerzeit am Rheine zu sitzen. Jetzt war er alt und gichtbrüchig, und sein ins Blaue spielende Antlitz

sah etwas schlagflüssig aus. Neben ihm stand die
lange schattenhafte Gestalt des Subdiacons. Was
der alte Mucius an geistlicher Würde vermissen ließ,
davon hatte der bleiche Marcus mit seinen dunkeln,
stechenden Augen fast zu viel. Als der asketisch aus=
sehende junge Priester sich aber so unvermuthet seinem
Pathen und einstigen Ziehvater gegenüber sah, und
das hier in Gegenwart des Propstes, schrak er zu=
sammen, denn er glaubte, der löbliche Meister komme,
um wider ihn zu klagen. Aber Timotheus beachtete
ihn nicht, sondern zu Herrn Mucius gewendet, sprach
er: „Ich bringe die Arbeit, hochwürdige Herren, die
Ihr mir aufgetragen. Sie ist vollendet und wird
Eueres Lobes werth sein. Allen Fleiß habe ich auf=
gewendet. Es ist hier gerade noch hell genug, daß
Ihr prüft, ob sie gerathen?" Damit legte er seine
Rollen auf einen geschnitzten Eichentisch, der inmitten
des hellen Erkers stand. Schwerfällig erhob sich der
Propst. Er verließ offenbar ungern den warmen
Platz an seinem grünen Kachelofen und nahm ein
Blatt nach dem anderen entgegen. „Tugendvolle und
viel schöne Blätter bringet Ihr, Meister," sagte er
dann begeistert, indem er das lautere Gold, das
leuchtende Blau, das tiefe Roth der Buchstaben pries
und sich die Bedeutung der kleinen Bilder erklären
ließ. „So kommt doch, Marcus," winkte er dem
Subdiacon, „und betrachtet diese minniglichen Jung=
frauen, diese gebenedeiten Engelsköpfchen! Habt Ihr
solche Zierde je gesehen?"

Aber der Diacon blieb ruhig im Hintergrunde. „Ich kenne des Meisters hohe Kunst," sagte er, „und freue mich, daß ich meinem hochwürdigsten Herrn nicht zu viel von ihr gerühmt habe."

Noch eine Weile erging sich der Propst in Lobes-erhebungen der einzelnen Bildlein, an denen er sich nicht satt sehen konnte, bis die zunehmende Dämme-rung seinem Beschauen ein Ziel setzte. Sorgfältig verschloß er dann die kostbaren Blätter in einem hohen Schranke und sagte freundlich: „Ihr habt Euern Sold reichlich verdient, Meister Timotheus. Nun soll Euere nächste Arbeit sein, einen Vergilius mit Bildern zu schmücken, den meine Knaben nach einer geliehenen Handschrift mir fertig geschrieben haben."

„Entschuldigt, hochwürdiger Herr," erwiderte Timo-theus in bescheidenem, aber festem Tone, „wenn ich keine Arbeit mehr annehme. Die Meinen verlangen nach Köln zurück. Dort haben sie ihre Freundschaft und ich meine Kunstgenossen. Ich begehre einen ehr-lichen Abschied, Herr."

Der Propst schaute ihn verwundert und enttäuscht an. „Was redet Ihr, Meister Timotheus," sagte er endlich unwillig. „Dazu haben wir Euch ja berufen, daß Ihr hier uns Schüler erzieht, die Handschriften schmückt, Altarschreine und Reliquienkästen malen und alle die Künste übt, durch die unsere Brüder in Köln unsere Mainzer Kirche übertreffen. Das würden Ritter und Frauen klagen, wolltet Ihr Euch von uns wenden, noch ehe Ihr recht begonnen habt.

Das hat Euch der vielheilige Geist nicht eingeblasen, sondern der Arge." Timotheus wendete bei diesen Worten des Propstes seine Augen hinüber zu dem Subdiacon, der aber hielt seinen Blick aus, und dem Maler war, als ob er gar ein dünnes Lachen von der Ofenecke her vernehme. Der Propst aber fuhr wehleidig fort: „Ihr werdet einem alten Manne wie mir nicht die letzte Freude nehmen wollen, die er noch hat. Den Wein hat mir der Arzt verboten wegen des Zipperleins. Der Jagd kann ich nicht mehr pflegen. Die minniglichen Frauen schielen nach jüngeren Pfaffen als ich bin. Da ist mir's viel edle Freude, neue Bildlein zu schauen und schöne Geschriften zu lesen. Was soll ich denn thun, wenn Eure Schule in die Brüche geht?" Timotheus setzte diesem Ausbruch naiver Selbstsucht nur Schweigen entgegen; kaum, daß er unmerklich mit den Achseln zuckte bei den Klagen des alten Prassers.

Nun aber wurde der Domherr zornig und sagte in barschem Tone: „Glaubt nur ja nicht, daß mein gnädiger Herr, der Erzbischof, Euch ohne Weiteres wird ziehen lassen. Eher setzt er Euch gefangen, als daß er Euere kunstfertige Hand wieder frei gibt."

„Ich habe meinen Leib zu eigen," sagte Timotheus stolz, „und bin Bürger zu Köln. Mein Rath wird mich zurückfordern, und der gestrenge Erzbischof von Köln wird die Forderung unterstützen. Ihr werdet nicht einen Krieg am Rheine entzünden wollen durch solche Unbill."

Der Propst schwieg, denn er konnte die Worte des Meisters nicht widerlegen. Dieser aber fuhr begütigend fort: „Laßt mir mein Recht, so soll Euch das Eure werden. Ich will Euch Euern Vergilius malen, und als Pfand für Euer Buch mögt Ihr den Rest meines Gehaltes einbehalten, den mir das Stift noch schuldet. Den Lohn für meine Arbeit bemesse ich nach dem Preis, den Ihr mir hier bezahlt habt, obwohl ich in Köln auf meine Kosten lebe und das Stift mich weder zu hausen noch zu atzen hat."

Der Propst schwankte. Die Forderung war billig, aber seine Hoffnung, in Mainz eine Kunstgenossenschaft zu gründen, die seinem Stifte zu hoher Zierde gereichen würde, sah er ungern zerrinnen. Da bemerkte Timotheus, wie der Subdiacon leise an den Propst herantrat und ihm heimlich einen Pergamentstreifen in die Hand drückte, den er im Dunkel der Stube beschrieben haben mochte. Der Propst warf einen Blick hinein, aber in der Dämmerung des Abends vermochte er ihn nicht sofort zu entziffern. Er mußte, um das Licht von Westen zu gewinnen, sich so wenden, daß auch Timotheus mit hineinsah, und der Meister, der die schlechte Schrift seines ehemaligen Zöglings von Jugend auf kannte, las mit seinem scharfen Auge die Worte: „Laßt ihn morgen kommen. Ich habe ein Mittel, ihn zu zwingen." Timotheus wandte sich um und schaute Marcus fest in die Augen. Der aber zog sich in den Schatten der Stube zurück und lehnte dann scheinbar gleichgültig am Ofen. Das

waren fast dieselben Worte, die der Schurke seiner
Tochter an heiliger Stätte in die Ohren geraunt hatte.
Einen Augenblick war er geneigt, dem Heuchler die
Maske abzureißen und ihm vor seinem Obern die
Frage zu stellen, was er mit seiner Drohung meine?
Dann dachte er, wozu noch weiteren Lärm? Soll
ich meiner zarten Jungfrau Namen in der Pfaffen
Mund bringen? Statt morgen Abend reisen wir heute.
Dann mögen sie ihr Mittel, mich zu zwingen, erproben.
Eine Pause war eingetreten, indem alle Anwesenden
rasch ihre Pläne überdachten. Es war so still, daß
man das Arbeiten des Holzwurms in dem eichenen
Getäfel hörte.

„Ich will mir Euer Erbieten überlegen," sagte
der Propst endlich. „Guter Rath kommt über Nacht.
Kommt morgen und holt meinen Vergilius. Viel=
leicht habt Ihr Euch bis dahin eines Besseren be=
sonnen!" Der Meister erwiderte nichts. Er verneigte
sich nur und verließ mit ehrerbietigem Gruße das
Zimmer. Draußen setzte er seine helmförmige Pelz=
kappe auf und ging raschen Schrittes nach seinem
Häuschen, um den Frauen zu sagen, schon heute müßten
sie ihre Flucht bewerkstelligen. Aber als er nach
Hause kam, fand er nur seine Gattin. Dora war
gegangen, ausgeliehene Bilder zurückzufordern. Die
Söhne wollten den Abend noch mit ihren Gesellen
feiern und hatten gesagt, sie kämen spät erst wieder.
Timotheus machte sich selbst auf, sie zu suchen. Aber
an keinem der Orte, wo er sie vermuthete, ward er

ihrer habhaft. Auch den Fischer, mit dem er seine
Abrede auf morgen getroffen, fand er weder am
Staden noch in seinem Hause. Als er in seiner
eigenen Wohnung fragen wollte, ob die Knaben inzwischen heimgekehrt, sah er an der Ecke der Straße
schon den Subdiaconus in der gleichen Richtung gehen
in Gesellschaft eines alten Mannes, der sonst an der
Kirchenthüre zu betteln pflegte. Als der Meister sein
Haus erreichte, war zwar die lange Gestalt des Sub=
diaconen nicht mehr zu sehen, aber der Bettler hatte
seinem Hause gegenüber Aufstellung genommen, und
Timotheus wußte jetzt, daß er bewacht werde. Nicht
ohne Sorge hörte er dann von Dora, die er vorfand,
daß die Brüder schwerlich vor Mitternacht wieder
kommen würden. „Wenn ihnen nur nichts zustößt,"
sagte er bekümmert. „Ich träumte jüngst von einem
Geier, der zwei Lämmer in den Klauen trug. Die
lieben Heiligen mögen ihn verscheuchen."

Mit der Abreise war es nun für heute nichts.
Timotheus ließ also die Frauen ruhig sich nieder=
legen. Auch er streckte sich auf sein Lager, und als
er nach elf Uhr seine Söhne leise eintreten hörte, gab
er sich dem Schlafe hin, überzeugt, daß er mit gutem
Gewissen die Anschläge der Bösen nicht zu scheuen habe.

Als die Nacht verstrichen war, sah der Maler ein,
daß es nun wohl das Beste sein werde, ganz offen
vorzugehen, da der günstige Moment zu heimlicher
Flucht doch einmal versäumt war. Als er durchs
Fenster schaute, saß noch immer seiner Thüre gegen=

über der alte Bettler, der ihn überwachen sollte. Mit einem Anflug von Spott beschloß der Maler, sich dieses armen Gauchs zu bedienen, um dem Propste den Vorsatz seiner Abreise zu eröffnen. So begab er sich über die Straße und redete den Alten lustig an. „Guter Freund," sagte er, „ich weiß, daß der Sub= diacon Dich hierher gestellt hat, um es ihm zu melden, wenn ich Anstalten mache, das Haus zu verlassen. Der Augenblick ist jetzt gekommen. Ehe ich aber gehe, muß ich ein Buch haben, das der hochwürdige Propst mir auf meine Reise mitgeben will. Das sollst Du mir holen. Gehe also in das Stift und bitte Dir die Rollen aus; Du wirst beide Herren bei= sammen finden." Der sichere Ton, in dem der Meister sprach, machte den alten Kirchenbettler völlig verwirrt, und als Timotheus noch ein Geldstück in seine Hand drückte, griff er an die Mütze und humpelte die Straße hinunter, um seinen Auftrag auszurichten. Timotheus aber begab sich wieder in das Haus zurück und be= fahl seinen Söhnen, eilig nach dem Schiffer zu laufen. Der Mann solle an der nächsten Rheintreppe mit seinem Boote Stellung nehmen und warten, bis sie sich einfinden würden. Er selbst ordnete inzwischen das Gepäck und suchte es mit Hülfe seiner Hausfrau und seiner Tochter so zu vertheilen, daß sie mit einem einzigen Gange ihre ganze Habe nach dem Schiffe bringen könnten. Während sie mit dieser Arbeit be= schäftigt waren, hörte der Meister Schritte auf dem Flur. In der Meinung, es seien die Söhne, die nach Vollzug ihres Auftrages wiederkehrten, achtete er nicht weiter darauf, bis ein leiser Aufschrei Theodora's ihn veranlaßte, sich umzuwenden. Vor ihm stand die lange dräuende Gestalt des Subdiaconus und hinter demselben, in weißer Kutte, einer der Mönche, die der Herr Papst in jüngster Zeit mit der Visitation der Kirchen beauftragt hatte. Gleich einem Cäsarenkopf erhob sich das dunkle Haupt des Italieners mit den grell hervorglänzenden schwarzen Augen und der kühn geschwungenen Römernase über der weißen Kapuze. Timotheus verneigte sich demüthig und wartete, was die geistlichen Herren ihm würden zu sagen haben.

„Der Herr sei gepriesen mit allen seinen Heiligen," begann der Subdiacon.

„In Ewigkeit! Amen," erwiderte der Meister, indem er die Hände faltete. Auch Frau Sophia und ihre Tochter, die sich in die entferntste Ecke des Zimmers zurückgezogen hatten, stimmten leise in dieses Amen ein.

„Die kirchliche Sende," begann der Subdiacon, „wie sie unser Herr und Vater in Rom auf dem letzten Concil neu eingeschärft hat, ist auch in dieses Haus gekommen zu Anfang des Passahfestes, wie es die neue Ordnung vorschreibt, damit der Sauerteig der Sünde aus ihm entfernt werde und es Ostern feiere in untadeliger Reinheit und Gottseligkeit."

Timotheus schlug das Kreuz; ob aus Ehrfurcht vor dem Heiligen oder aus Grauen vor dem Teufel, dessen Diener er vor sich sah, wußte er selbst nicht. „Dieser ehrwürdige Bruder Scipio von der Gesellschaft der Predigermönche und ich selbst," fuhr Marcus fort, „sind von dem Domcapitel beauftragt, Alles in kanonischen Stand zu setzen. In manchem Hause muß die Sende lange forschen und fragen, hier aber," und ein teuflischer Spott leuchtete in seinem dunkeln Auge auf, „weiß ich genau, was in diesem Hause zu ordnen ist." Der Meister schaute bei dieser befremdlichen Rede dem bleichen Schwarzrocke fest ins Auge; der aber blickte vor sich und fuhr ruhig fort in seiner Rede. „Ich will zunächst von mir selbst sprechen. Ihr entsinnt Euch, Meister, daß vor drei Jahren ein thörichter, irrender Knabe Eure Tochter zur Ehe begehrte. Unkund war er der Kanones und thöricht war, was er begehrte. Ihr aber gabt ihm die Antwort, daß eine solche Ehe wider die heiligen Satzungen der Kirche sei, weil der Knabe und das Mägdlein geistliche Geschwister waren durch die Pathenpflicht, die Ihr für Jenen übernommen hattet. Trotz allen Stürmens und Drängens des Werbers bliebet Ihr fest. Ich lobe das, denn ein solches Bündniß, das gegen die Kanones der heiligen Kirche anging, konnte nun und nimmer den Beiden zum Segen gereichen."

Aus der Ecke, wo die beiden Frauen standen, ward ein Laut der Entrüstung vernehmlich, der Subdiacon aber wendete kalt seine bohrenden Blicke nach jener Seite und fuhr fort: „Ihr selbst aber, Meister, habt Euch durch diese Entscheidung Euer eigen Urteil

gesprochen. Was jenem Knaben recht war, ist Euch
billig, und der ewige Richter dürfte zu Euch sprechen:
„Nach Deinen Worten richte ich Dich, Du Schalk.“
Dieselben Kanones, die ihr damals anrieft, verbieten
auch Eure Ehe als geistliche Blutschande, eine Schande,
die nun bald fünfundzwanzig Jahre auf Euch und
Eurem Weibe liegt.“

Timotheus ließ bei diesen Worten seine gefalteten
Hände sinken, seine Faust ballte sich und seine Augen
sprühten. „Herr,“ rief er zornig, „hütet Euch! Ich
könnte Euer geistlich Gewand vergessen, wenn Ihr
lästert, was Gott und Menschen heilig ist.“

„Nur Ruhe, lieber Meister,“ antwortete der Sub=
diacon mit seinem dünnen Lachen. „Ich zweifle nicht,
daß Ihr anders denkt, sobald Ihr die Kanones ge=
hört habt. Dieselbe Ordnung, die verbietet, daß ein
aus der Taufe Gehobener das Kind seines Pathen
oder seiner Gothe heirathe, dieselbe verbietet nicht
minder streng, daß Zwei, die gemeinsam Pathen ge=
standen, und damit geistig ein Kind gezeugt haben,
sich im Fleische verbinden, denn das Fleisch gelüstet
wider den Geist, der Geist gelüstet wider das Fleisch.
Dieselbigen sind wider einander, auf daß Ihr nicht
thut, was Ihr wollt. So steht es geschrieben, so hat
die Kirche, die unfehlbare Richterin, das Wort aus=
gelegt, Ihr aber habt dennoch gethan, was Ihr
wolltet.“

„Das sind Possen,“ sagte jetzt der Maler, indem
er die Hände, auf dem Rücken kreuzend, verächtlich

vor den beiden Geistlichen in der Stube auf= und
abging. „Dein Beispiel paßt nicht, Marcus! Wenn
ein Knabe mit der Tochter seines Pathen auferzogen
wurde, so sind sie Geschwister geworden, und der
gleiche Grund, der die Kirche bestimmte, die Geschwister=
ehe zu verbieten, gilt auch hier. Wohin · sollte es
kommen mit der Zucht in den Familien, wenn Bruder
und Schwestern anfangen wollten, sich als Bräutigam
und Braut zu herzen und zu halsen. Das war Dein
Fall. Warum aber Zwei, die die Pflicht vor Gott
übernommen haben, für eine arme Waise zu sorgen,
nicht Mann und Frau werden sollen, weil sie Pathe
und Gothe desselben Kindes sind, dafür gibt es
keinen Grund. Gerade indem wir uns heiratheten,
konnten wir jene Pflicht um so besser erfüllen. Ob
wir es gethan, mag Dir Dein eigen Gewissen sagen,
ob uns die Erziehung gerathen, das steht auf einem
andern Blatt. Ein Verbot aber, wie Du es hier ver=
kündest, kann Gottes Wille nicht sein.“

„Welch’ eine Frechheit bei diesen Deutschen herrscht,“
nahm jetzt der Predigermönch das Wort. „So wahr
ich Scipio heiße, in den untersten Klosterkerker würden
wir in Rom den Laien werfen, der der kirchlichen
Sende also begegnen wollte wie dieser Schelm! Ihr
unberathener Mann, was möget Ihr, gleich einem
übeln Ketzer, sagen, diese kirchliche Satzung könne
Gottes Wille nicht sein?“

„Das ist die alte Sprache der Schlange,“ sagte
der Subdiacon salbungsvoll. „Sollte Gott gesagt

haben?" Die Kanones der Kirche sprechen klar und deutlich. Eine solche Ehe ist verboten."

„Wenn Ihr meint," erwiderte der Maler trotzig, „mir eine Buße abzupressen, irrt Ihr Euch. Ich weiß, daß Ihr ein Geizhals seid. Schon als Kind hinget Ihr an Euern Groschen. Um das Geld wäre es mir nicht, aber ich lasse keinen Makel auf meine Ehe werfen."

„Eure Ehe ist keine," erwiderte der Priester.

„Herr," rief der Maler außer sich und wollte sich auf den tückischen Pfaffen stürzen; aber die beiden Frauen warfen sich auf ihn und hielten ihn an den Armen. „Ruhig, Vater, ruhig," flehte die dunkle Stimme der schönen Theodora.

„Was wollt Ihr von mir?" fragte nun der Maler ruhig, als er die Frauen abgeschüttelt hatte. „Was soll's noch weiter?"

„Das Capitel hat gestern beschlossen, Euch und den Euern den Besuch der Messe zu verbieten. Ihr alle seid excommunicirt, bis Ihr Eure lästerliche Verbindung gelöst habt." Der Maler hörte hinter sich einen Aufschrei, und sah, wie Frau Sophia halb ohnmächtig ihrer Tochter in die Arme sank.

„Thut, wie Euch gefällt," erwiderte der Maler kalt. „Ich verlasse in dieser Stunde Eure Stadt, und in Köln, wo man meine Ehe zuließ, trotz Eurer neuen Kanones, wird der Erzbischof seine Entscheidung auch zu schützen wissen."

„Nicht also," erwiderte der Subdiacon. „Das Domcapitel ist nicht gemeint, das böse Beispiel, das

Ihr gabt, länger bestehen zu lassen. Wo solche ärgerliche Verbindungen wie die Euren geschieden werden müssen, ist es der Brauch der Kirche, die Geschiedenen dem Kloster zu übergeben. Eure Frau und Tochter werden zu den Clarissinnen gebracht werden, wo sie die Novizen im Sticken der Altar= decken unterrichten sollen. Euch will das Capitel ge= statten, damit Ihr Eure Kunst zur Ehre Gottes un= gehemmt ausüben könnt, als Tertiarier des neuen Bettelordens in größerer Freiheit zu leben, unter Aufsicht des Bruders Scipio, der Eure Bußübungen leiten wird."

Jetzt erst übersah der Maler die ganze Gefahr, in der er schwebte. Das aber gab ihm auch seine volle Selbstbeherrschung wieder. Vor Allem galt es Zeit zu gewinnen. „Kann ich von dieser Sentenz an den Papst appelliren?" fragte er den Prediger= mönch.

„Der heilige Vater hat stets die Macht, Dispens zu ertheilen," entgegnete dieser, indem sein Auge stolz blitzte; „aber Rom ist weit und Dispense sind theuer. Bis die Antwort eintrifft, müßten wir Euch dann in strenger Klosterhaft halten. Größere Freiheit habt Ihr, wenn Ihr Euch unterwerft."

„Gebt mir Bedenkzeit," erwiderte Timotheus, „drei Tage nur! Ihr seht doch ein, daß man eine fünf= undzwanzigjährige Ehe nicht in einer Stunde auf= gibt! Ihr kennt sie ja, Marcus, diese Ehe, die Ihr jetzt ein Aergerniß scheltet." Seine Stimme brach vor plötzlicher Bewegung, und die Frauen begannen laut zu schluchzen.

„Habt Ihr etwas Aergerliches in unserem Hause gesehen," rief jetzt unter Thränen Frau Sophia, „als Ihr zwanzig Jahre lang sein pfleget? O heilige Ursula, das also ist sein Dank! So klag' ich Gott, daß ich ihm gedienet habe in seiner kindlichen Jugend, und muß mich reuen bis an den Tod!"

In den bleichen Zügen des Priesters zeigte sich doch eine Spur von innerer Bestürzung bei diesem leidenschaftlichen Ausbruche der unglücklichen Frau, und etwas zögernd erwiderte er: „Wenn Ihr gelobet, das Haus nicht zu verlassen, so will ich Euch die erbetene Frist nicht weigern." Timotheus schwieg eine Weile, als ob er den Vorschlag erwäge; dann sprach er mit einem festen Blick auf die beiden Priester: „Ich kann jetzt mich nicht entscheiden. Kommt in drei Tagen wieder. Das Haus werde ich nicht ver= lassen, wenn es nicht einfällt." Der Diacon nickte beifällig. Dann aber fügte er mit einem Blicke auf Dora hinzu: „Vorerst mögen Eure Frauen bei Euch bleiben. Das Fest aber werden sie bei den Clarissinnen feiern; denn über die heiligen Tage duldeten die Juden nicht einmal den Gekreuzigten am Holze, wie könnte die Kirche ein Aergerniß dulden, das das Land unrein macht vor den Augen Gottes." Damit tauchte er seine Hand in den Weihkessel über dem Madonnenbilde, schlug ein Kreuz und verließ mit seinem Begleiter, so rasch er konnte, die Stube. „Er

wird sein Wort halten, ich kenne ihn," hörte Timo=
theus ihn draußen zu seinem Begleiter sagen. Die
Worte schienen gesprochen, um gehört zu werden und
des Meisters Ehrgefühl zu schärfen. „Er darf das
Haus nicht verlassen," wiederholte der Predigermönch
in drohendem Tone.

„Wenn es nicht einfällt," sagte Timotheus dumpf
vor sich hin. „Was steht fest, wenn eine Ehe wie
unsere morsch ist?" Dann wendete er sich zu den
Frauen: „Laßt das Weinen! Es dient zu nichts,"
und er öffnete weit die Fenster nach der Straße.
„Belauert und bewacht," sagte er zu seiner Frau,
„sind wir von allen Seiten. Also thue jetzt ohne
Widerspruch und Frage Alles, was ich Dir sage.
Du richtest die Wohnung hier vor den Augen aller
Späher wieder ein, wie sie war. Nur das Geld und
die kostbarsten Dinge, die sich in kleinen Bündeln
unterbringen lassen, trägst Du in die Küche."

„Wie, Vater," rief Theodora, „Du willst nicht
halten, was Du gelobt?"

„Ich bleibe," sagte der Meister unwillig, „aber
Euch ist es unverboten; es möcht' Dir werden
schad', falls Du bleiben wolltest. Dir ziemt, Deine
Ehre zu retten, die bei den Nonnen aus Welsch=
land schlecht geborgen wäre. Das ist das erste Ge=
lübde, das Du zu halten hast. Und nun schweigt
und thut, was ich sage. Heute Nacht müßt Ihr aufs
Schiff. Jetzt sorgt, daß es so aussehe, als ob wir
nicht aus Reisen dächten." Während die Frauen ihre

Päcke wieder auseinanderkramten und vor den Augen
aller Nachbarinnen, die spähend durch die offenen
Fenster schauten, Alles in den alten Stand setzten, kehrten
die Brüder zurück mit der Botschaft, das Schiff sei
bereit. Um so verwunderter waren sie, als sie sahen,
daß die Frauen ihre ganze Habe wieder ausgepackt
hatten und von der Reise nicht mehr die Rede sei.
Aber der Meister hieß sie schweigen, und indem er
scheinbar in fröhlichem Gespräche mit ihnen in der
Stube auf= und abschritt, sagte er ihnen, sie sollten
sofort zum Staden zurückkehren, und dort so laut
als möglich, so daß viele Menschen es hörten, dem
Schiffer sagen, die Reise sei abbestellt. Das Reugeld
sollten sie ihm zahlen, dann aber ohne Aufsehen sich
zu dem berüchtigten Schmuggelschiffer am Krahnen
begeben. Mit dem sollten sie abmachen, daß vier
Personen nach Anbruch der Nacht am Krahnen mit
ihm zusammentreffen wollten. Er solle sein Schiff
rüsten, um sie in der Stille nach St. Goar zu fahren.
„Dort, wo Ihr außer Gewalt der Mainzer seid,
wartet Ihr, bis Ihr Nachricht von mir erhaltet. Ich
verlasse das Haus nicht, wie ich gelobt habe. Ihr
aber bleibt zu St. Goar, bis Ihr von mir gehört
habt.“

Die Söhne gingen und brachten nach einer Stunde
Botschaft, daß Alles gut verlaufen sei. Manche
Freunde hätten sie gefragt, warum denn der Vater
nach Köln zurück wolle, sie aber hätten geantwortet:
„Es ist nichts, wir bleiben.“

„Aber die alten Betschwestern," schloß Lutz seinen Bericht, „sitzen drüben an ihrem Fenster und verwenden keinen Blick von unserer Thüre. Offenbar sind sie beauftragt, uns zu hüten, und es wird schwer sein, alte Weiber zu täuschen, die nichts zu thun haben als anderen Menschen in die Fenster zu sehen. Schau' nur hinüber, Theodora, sitzen sie nicht da wie zwei Käuzlein, die in das Sonnenlicht blinzen?"

„Die Eulen lauern auf die Mäuse," erwiderte Timotheus. „Darum lasset die Fenster weit offen, damit sie keinen Argwohn schöpfen; denn von ihren Berichten an den Predigermönch hängt Alles ab. Nun aber kommt zum Imbiß und sperrt mir die Thüre der Küche weit auf, daß sie sehen, was sie sehen sollen." Damit setzte sich die Familie bei dem Herde nieder, und Jeder griff zu, wie die innere Unruhe und Angst es ihm erlaubte. Der Maler hatte bald geendet und erhob sich. Aus einer Truhe nahm er dann einen der Röcke seiner Tochter und trat mit demselben hinter die schützende Wand zur Seite der Thüre, so daß er von der Straße aus nicht beobachtet werden konnte. Die Kinder aber schauten nach ihm und wunderten sich, daß der Vater in der Stimmung sei, solche Schwänke zu treiben; denn er nahm alte Leinwand und Tücher und stopfte das Aermelkleid der Tochter so reichlich aus, daß die Formen üppig sich blähten und die langen Schleppärmel züchtig an der Gestalt herabhingen. Dann ging er und holte eine alte Haube seiner Tochter und füllte auch sie

mit einem Laken, so daß die weißen Tücher wie ein
Gesicht hervorglänzten, band dann die Haube an das
gestopfte Kleid, und als er das Ganze auf einen
Stuhl gesetzt und dort mit Schnüren an einem Stocke
festgebunden hatte, sah die Docke aus wie eine stattliche Frau, die den Kopf schläfrig hat sinken lassen,
um ein wenig zu nicken. Nachdem der Meister seine
Arbeit vollendet, setzte er sich nieder an den Herd,
aß und trank und schaute zuweilen wohlgefällig nach
seinem Kunstwerke hinüber. Die Mutter aber ahnte,
was ihr Gatte beabsichtigte, und sagte: „Nun wirst
Du wohl auch mich darstellen, damit die drüben
diese Puppen vor Augen haben, während wir entweichen?"

„Ich habe Euch nun gezeigt, wie man es macht,"
sagte Timotheus; „damit aber die alten Weiber
drüben keinen Verdacht schöpfen, ist es sicherer, wir
Anderen gehen in die vordere Stube und nur Einer
ist immer hier und fertigt sein Abbild. Ist er damit
zu Stande, so stellt er es vorerst hinter die Thüre.
Wir aber wollen vorn am Fenster arbeiten, damit sie
glauben, Niemand denke an einen Abzug."

So saßen die drei Maler und Theodora am Fenster,
Jedes bei seiner Hantirung, während das Mütterchen
mit vieler Noth ihre Kleider füllte und ausstopfte,
so daß ein recht pumpeliges altes Weiblein endlich
auf dem zweiten Stuhle saß. Dann ging einer der
Söhne nach dem anderen hinaus und kam nach kurzer
Weile lachend wieder, denn die gestrickten Lang=

strümpfe füllten sich leicht und auch die engen Jacken
machten wenig Noth. „Nun bist Du an der Reihe,
Vater," sagte Alexius. Der Meister aber schüttelte
den Kopf und antwortete: „Was ich gelobt, das
werde ich halten. Nicht mehr und nicht weniger."

Als es dämmerte, sahen die Belagerten vor dem
gegenüberliegenden Hause den alten Bettler wieder
auf der Staffel Platz nehmen. Timotheus aber gebot,
Frau Sophia solle ein helles Feuer in der Küche
anzünden und daneben die Bündel der vier Kinder
zurecht legen. „Ihr müßt über die niedere Mauer
des Nachbars in den schmalen Durchgang entweichen,
sobald es dunkel ist. Noch treibt sich die ganze Schar
der Arbeiter in den Gassen umher, um den Feier-
abend zu genießen. Da werdet Ihr um so weniger
auffallen. Sollte Euch aber etwas zustoßen, so kehrt
denselben Weg zurück. Einer der flinken Gesellen wird
ja entwischen können, um mich zu Hülfe zu rufen."
Noch ein banges Stündchen verstrich; in der Küche
brannte ein helles Feuer, draußen wurde es Nacht,
und in dem erleuchteten Fenster, dem Hause gegenüber, lagen die Weiber und lauerten, während von
der Staffel darunter die Augen des Kirchenbettlers
herüber glotzten.

„Jetzt ist es Zeit," sagte Timotheus. „Keinen
Abschied, keinen Händedruck. Gott befohlen! Ihr
wartet in St. Goar. Die Heiligen seien mit Euch!
So Euch mein Patron beschützt, male ich ihm ein
Bild in seine Capelle."

Damit gingen sie in die Küche, deren Thüre
Timotheus nur so lange schloß, bis die Seinen durch
die hintere Thüre entronnen waren, während er die
Docken um den Tisch vor dem Herdfeuer aufstellte.
Dann trat er wieder in die vordere Stube und ließ
die Thüre weit hinter sich offen. Mit dem Rücken
an das Fenster gelehnt, sah er mit Wohlgefallen,
welch' schöne Schatten seine Puppen in die Stube
warfen, wie sie sich in dem flackernden Feuerscheine
ganz natürlich herüber= und hinüberneigten. Dann
rief er ihnen scherzende Worte zu, ging auf und ab
zwischen Herd und Fenster und legte zuweilen väter=
lich seine Hand auf Lutzens Kappe oder kniff Theodora
scherzend in ihre Wangen von weißer Wolle. Von
Zeit zu Zeit warf er einen neuen Holzscheit auf den
Herd und stellte sich unter die Thüre und sprach eifrig
gegen seine stille Familie. Als eine Stunde vergangen
war, ohne daß die Flüchtlinge zurückkehrten, wurde
er ruhiger. Nun mußten sie auf dem Rheine geborgen
sein, denn einer der schnellfüßigen Knaben hätte sich
doch losgemacht, falls sie auf ein Hinderniß gestoßen
wären. Triumphirend trat er ans Fenster und wünschte
den alten Vetteln drüben, indem er die eichenen Läden
schloß, eine laute gute Nacht. Dann ging er an
die Hausthüre und sperrte sie mit eiserner Stange.
Noch eine Weile schritt er in der verschlossenen
Stube auf und nieder, die Hände auf dem Rücken
und das Haupt gramvoll geneigt, da er mit einem
schweren Entschlusse kämpfte. „Es muß sein," sagte

er dann; „möge mein Schutzpatron mir die Sünde verzeihen!"

Bei dem Kienspahn am Herde hielt er still und nestelte aus seinen Gewändern eine kleine Kapsel hervor, die er öffnete. Unter dem Glase lag ein Stückchen alten Tuches, wenige Wollfäden waren es. Timotheus aber betrachtete sie inbrünstig, denn sie stammten aus dem Gewande seines Patrons, das dieser als Bischof getragen. Ein Mönch aus Ephesus hatte das Heiligthum seinem Vater verkauft und der Kölner Maler hatte dafür ein großes Bild der drei Könige, auf drei Altarflügeln, gegeben, um die Kloster= kirche zu zieren und dazu noch einen Haufen Geldes. Den Wohlstand der Seinen hatte er durch diesen Kauf beträchtlich verringert, aber er hatte ihn dennoch nie bereut, denn der Rock des Heiligen hatte ihn vor allem Unglück behütet und ihn gesund erhalten bis in sein hohes Alter. Innig haftete des Sohnes Auge jetzt auf dem Kleinod und er sagte: „So hilf mir, viellieber Herre, daß Alles wohl gerathe. Du selbst weißt, daß ich mich anders nicht lösen kann von meinem harten Eidschwur." Nachdem er seine Reliquie inbrünstig geküßt und dann wieder sorglich geborgen, nahm er bedächtig den brennenden Spahn vom Herde und kletterte mit demselben nach dem Speicher, wo das Reisig und die Holzvorräthe der Frauen geschichtet waren. „Das Haus werde ich nicht verlassen," sagte er mit einem bitteren Lachen, „wenn es nicht einstürzt. Mehr habe ich nicht geschworen. Also fahr hin, altes

Dach), deine Herren wollten es nicht anders." Und mit einem kräftigen Segen steckte er seine Fackel zwischen die Reisigbündel, in denen es sofort unheimlich zu knistern und zu prasseln begann. Ein Paternoster sprechend, blieb der Maler mit gefalteten Händen vor dem roth züngelnden Elemente stehen: als ihm aber der Qualm die Augen beizte, stieg er eilig die Leiter wieder hinab nach der Küche. Dort zog er unter wilden Flüchen die brennenden Spähne aus dem Herdfeuer. „Hier," rief er, indem er den ersten unter Sophia's braunen Schrank schleuderte, „brenne, alter Plunder! Friß, rother Hahn!" rief er wieder mit wilder Lust, indem er einen neuen Spahn in Theodora's Lade warf. „Brennt, ihr Holztafeln, die ich bemalen wollte! Brennt, ihr Rollen, die mir so manche Abendstunde verkürzt!"

„Meister Timotheus," kreischte es jetzt draußen auf der Straße, „Meister Timotheus, es brennt!" Schwere Schläge schmetterten gegen das gesperrte Thor und aus dem Dachfenster kreischten die alten Weiber: „Frau Nachbarin! Jungfer Dora! Es brennt in Eurem Speicher. Feuer! Feuer!" In der Straße entstand ein wildes Laufen, und Timotheus sah ein, daß es Zeit sei, zu entweichen. Mit fester Hand nahm er die Leiter, deren er sich vorhin bedient hatte, und schritt nach dem Hofraume. Dort erklomm er mittelst derselben eine Mauer, durch einen Vorsprung gegen die Flammen gedeckt, die bereits hell lodernd zwischen den Sparren des Daches hervorschlugen.

Ein frischer Abendwind pfiff ihm hier um die Ohren,
der das Feuer anfachte, aber auch den qualmenden
Rauch von ihm wegjagte. „Feuer! Feuer!" tönte
es draußen von Straße zu Straße. Man hörte die
Leute drängen und rufen. Räder rasselten und wirres
Schreien übertönte das unheimliche Knistern und Zanken
der Lohe, deren rothe Fahne herüber- und hinüber-
schwankte. Mehr als einmal schien die Flamme, um
die Ecke züngelnd, den Maler versengen zu wollen,
aber sofort sprang sie wieder ab, und der Wind führte
die rothen Funken und streute die brennenden Schindeln
nach der anderen Seite. Zog der Rauch vorüber,
so konnte Timotheus durch das Fenster der Küche
seine Puppen sitzen sehen. Fast graute es ihm selbst,
wie sie starr und unbeweglich Stand hielten. Hell
beleuchtet erstrahlte Theodora's wohlbekanntes blaues
Gewand und die Haube Sophiens wehte unheimlich
in dem Feuerscheine. Draußen bildeten die Leute
jetzt eine Kette nach dem Rheine und reichten sich die
Eimer. Gerichtsdiener wollten eindringen, aber die
gesperrte Thüre wehrte ihnen den Zugang. Auch
an den Fensterläden arbeiteten sie vergeblich, als
bereits krachend der Dachstuhl zusammenstürzte und
die unberufenen Helfer mit brennendem Sparrwerk
überschüttete. „O Jesus, Maria und Joseph," jammerte
eine der alten Vetteln, „die ganze Familie ist ver-
brannt. Dort sitzen sie erstickt in der Küche."

„Nein," rief der Bettler, „ich sehe den Meister
auf der Mauer. Helft ihm herab." In diesem Augen-

blicke stürzte vor Timotheus' Füßen die versengte
Decke ein und die Flammen schlugen nun auch aus
den unteren Fenstern. Nur die vier Wände standen
noch. Taghell beleuchtet sah Timotheus drüben die
Menge, von deren Gesichtern der Widerschein der
rothen Flammen glänzte. Auf seiner Treppe kauerte
noch der Kirchenbettler, der das Haus bewacht hatte.
Neben ihm stand der welsche Mönch Scipio, dessen
weiße Kutte von der Flamme versengt war, ihm zur
Seite der bleiche Subdiacon, sein Angesicht mit einem
Ausdruck düsterer Verzweiflung nach ihm hinüber
richtend. „Ehrwürdiger Herr!" rief ihm Timotheus
mit mächtiger Stimme zu. „Euch meine ich, Herr
Subdiacon, Euere Ziehmutter ist todt, Euere Milch=
brüder sind todt, Theodora ist todt! Verlangt Ihr
auch jetzt noch, daß ich das Haus nicht verlasse?
Bedenkt doch, in einem Aschenhaufen zu bleiben, habe
ich nicht gelobt. Ich sagte: „Ich bleibe im Hause,
wenn es nicht einstürzt! Sprecht mich los, oder soll
ich den Leuten hier verkünden, warum Euch die
Kanones auf einmal einfielen?"

Marcus starrte nur bleich und wild herüber. Er
betete im Herzen, auch diesen Letzten der Familie
möge die Flamme erreichen, damit Schutt und Asche
das ganze Geheimniß seiner schwarzen Seele begrabe!
Aber Bruder Scipio, der Predigermönch, antwortete in
lautem Zuruf: „Die mächtige Hand des Herrn hat Euere
lästerliche Ehe gelöst. Nun mögt Ihr Euer Haus ver=
lassen, da der Gräuel ausgetilgt ist aus der Gemeinde."

Drüben aber lachte der Meister gleich einem
Wahnsinnigen hell auf. „Gehabt Euch wohl, Ihr
Herren!" rief er. „Komme ich in das ewige Feuer,
so sehen wir uns wieder! Ginge es aber recht zu auf
Erden, so straft man mit Hälsling, Strick und Feuer
den Pfaffen, der den Vater verdirbt, damit er an der
Tochter sein Gelüste büße. Das klag' ich Dir, Du
fromme Christenheit!" Damit sprang er hinab zur
Erde.

„Er hat sich ins Feuer gestürzt," schrieen die
Frauen. Timotheus aber schmiegte sich an der Mauer
nach dem Pförtchen, das in den Nachbarhof führte,
und sich rechts und links zwischen Scheunen und
Ställen hindurchwindend, gelangte er in eine Seiten=
straße, durch die er rasch nach dem Rheine hinabging.
Dort bewegte sich eine erregte Volksmasse durch=
einander. Nachen lagen unbewacht am Ufer, die die
Neugierigen in die Nähe der Brandstätte getragen
hatten. Ruhig löste der Meister die Kette des nächsten,
nahm die Ruderstange und stieß hinaus in den Strom,
der feurig roth dahinfloß, die Lohe widerspiegelnd,
die nun auch das Dach der nächsten Scheune ergriffen
hatte. Timotheus aber arbeitete, so eilig er konnte,
mit seiner Stange vorwärts, und bald lagen die Brücke
und die Stadt hinter ihm. Noch lange schaute er
nach der lodernden Flamme zurück, bis ihm das höher
werdende Ufer die Aussicht verdeckte. Nur noch ein
schwacher gelber Schein stand über der Stelle, nach
der der Maler blickte, so oft er mit der Stange sich

wenden mußte. Hastig arbeitete er vorwärts auf dem dunkeln Strome, der unheimlich mit ihm dahin schoß. Nach einiger Zeit sah er einen großen Kaufmanns=kahn, wie eine schwarze Last, hinter sich auftauchen. Da hielt er ein und ließ das Schiff an sich heran=kommen und legte dann mit seinem leichten Boote rasch an demselben an: „Darf ich mein Schifflein an das Euere binden?" fragte er den Schiffer.

„Werft mir die Kette zu, so will ich Euch an=hängen," sagte der Mann.

„Gott vergelt' es," erwiderte der Maler, indem er dem Schiffer die Kette reichte. Nun ging es ruhig den Strom hinab. In seinem Nachen fand der Maler einen groben Schiffermantel, den der Besitzer hinter=lassen hatte, als er zum Brande eilte. Behaglich hüllte Timotheus sich in denselben, schob einen Bündel alten Segeltuchs unter sein Haupt und schaute in den hellen Sternenhimmel, bis des Mondes lauterer Schein die Berge vor ihm erhellte und nach so vielen Mühen dem Meister die Augen zufielen und das einförmige Rauschen der Welle ihn in den Schlaf wiegte. Als der Morgen anbrach, fröstelte ihn. Er erhob sich und reckte die Glieder. „Kommt herüber, Herr," rief der Schiffer ihm zu, „und wärmt Euch beim Feuer. Ein Glas heißen Würzweins ist Euch auch gegönnt. Was war das für ein Feuer, das gestern in Mainz aufleuchtete?"

„Es muß bei der Krahnengasse gewesen sein," sprach Timotheus kaltblütig, indem er die steifen Glieder reckte. Mit Dank nahm er den heißen Wein und fragte, wann sie in St. Goar ankommen würden. „Um Mittag," war die Antwort. Froh setzte sich der Meister nun neben den Fergen und ließ diesen er= zählen, wie er Thal auf und Thal ab fahre das ganze Jahr. Timotheus sagte ihm, daß ihn in St. Goar die Seinen erwarteten, und ob der Mann gegen Geld und gute Worte sie mitnehmen wolle nach Köln. Der Handel war bald geschlossen, und auch dazu war der freundliche Schiffer bereit, wenn er nach Mainz zurückkomme, das geliehene Schifflein am Krahnen anzubinden, wo es der Besitzer schon abholen werde. Als die Thürme von St. Goar auftauchten, sah Timotheus schon von Weitem seine ganze Familie am Landungsplatze stehen. Da ward sein Herz fröhlich, und er wehte ihnen zu mit der Mütze, sie aber steckten die Köpfe zusammen und schauten wieder und wieder, bis sie ihn erkannten. Sobald er nahe genug war, rief er ihnen zu: „Frei, frei! Mein Wort habe ich gelöst. Der Gesandte des Papstes sprach mich los, und selbst der hochwürdige Subdiacon hatte nichts zu erwidern." Da sprangen sie jauchzend zu ihm ins Schiff und halsten und koßten einander. Er aber sagte, sie sollten ihre Sachen in der Herberge an sich nehmen, denn der Schiffer wolle weiter nach Köln. Nachdem sie dann noch Mundvorrath eingekauft, saßen sie froh auf dem Verdeck beisammen. Von dem Brande aber schwieg Timotheus, damit das ängstliche Herz seines Weibes sich nicht darob bekümmere. Da

der Wind günstig war, setzte der Schiffer noch etliche
Segel auf und wie ein Pfeil flog sein Kahn an den
Ufern vorüber. Als der Maler so mit den Seinen
der Heimath entgegenfuhr, wurde ihm sein Herze leicht
und fröhlich. An den Ufern erhoben sich stattliche
Thürme und glänzende Schlösser. Die Auen glänzten
im ersten Grün des Frühlings und der Rhein erzählte
ihm murmelnd alte Geschichten aus seiner Jugend,
wie dieselbe grüngoldene Welle ihn auf bewimpeltem
Schiffchen zu manchem frohen Feste getragen hatte.
Der einförmige Ruderschlag und das Schaukeln des
Fahrzeugs wiegte seine Sorge ein, und er wähnte,
daß nun alles Schwere hinter ihnen liege. So schaute
er des Tags in die smaragdnen Wellen, durch die
das Schiff seine krausen Furchen zog, und blickte in
der Nacht nach den Lichtern, die hoch oben am Berge
aus den Schloßfenstern herabstrahlten. Als am dritten
Tage die Sonne sich senkte, da erhoben am goldenen
Abendhimmel sich die stumpfen Thürme des heiligen
Köln vor ihren frohen Blicken und schieden sich wie
ein dunkles Schattenspiel von dem lichten Glanze ab.
Mit kundiger Hand lenkte der Schiffer seinen Rhein=
kahn durch das Gewirre beflaggter Masten und legte
an einem Staden an, wo zahllose Matrosen beschäftigt
waren mit dem Ausladen von Kisten, Ballen und
Fässern, die über lustige Brücken nach dem Ufer gerollt
wurden. Die Knaben aber begannen zu singen:
„Daheim, Daheim ist doch Daheim," und nachdem
sie dem wackern Schiffer die schwielige Rechte ge=

schüttelt hatten, nahmen sie ihre kleinen Päckchen in die Hand und sprangen ans Ufer.

„Aermer kommen wir wieder," sagte Timotheus, „als wir ausgezogen sind, aber die Knaben haben recht: Daheim, Daheim ist doch Daheim!" Fröhlich drängten sie sich durch das Menschengewimmel der Straßen, in denen ein Kaufmannsladen neben dem andern sich öffnete. In den großen Lauben, die das Erdgeschoß der Häuser bildeten, brannten bereits Lichter und bestrahlten rothe Apfelsinen und Feigen aus Welschland, oder gespickte Gänse und pralle Würste, hier goldene Armspangen und Kleinodien, dort Seiden= stoffe und Sammettücher, so daß die Heimkehrenden ordentlich stolz wurden auf ihre Vaterstadt; denn mit solchem Reichthum konnte sich keine der Städte am Rheine messen, die sie gesehn. Endlich standen sie vor dem hohen Giebelhause, in dem schon des Malers Eltern und Ureltern gewohnt hatten. Der Klopfer fiel laut auf das Thor und die greise Sabina, die Beschließerin, rasselte drinnen mit einem Schlüssel= bunde. Das Thor sprang auf, und mit frohem Er= staunen begrüßte die Schaffnerin ihre unerwartet zurückkehrende Herrschaft. Die Kinder aber waren fröhlich, die geliebten Stuben und die vertrauten Ecken wiederzusehen, und jauchzten ob der glücklichen Heimkehr.

Am folgenden Morgen sprach Timotheus zu den Seinen: „Es geziemt sich, daß unser erster Gang nach der Kirche sich richte, in der einst die Ehe ein=

gesegnet ward, die sie heute für ungültig erklären
wollen." So befahlen sie der alten Sabina das Haus,
und wanderten in Eintracht der Gereonskirche zu,
wo die Messe eben begann, als sie eintraten. Sie
fanden das Gotteshaus schwarz ausgeschlagen, und
unheimlich bewegte sich darin die stille Gemeinde, als
ob sie eine Todtenfeier begehe und den Entschlafenen
nicht erwecken wolle durch lautes Gebahren. Timotheus
nahm zur Seite mit seinen Söhnen Aufstellung,
während Frau und Tochter in der Mitte des Schiffes
niederknieten.

Die Chöre klangen dumpf und schauerlich:

Inter oves locum praesta
Et ab hoedis me sequestra,
Statuens in parte dextra.

„Bei den Frommen und Gerechten stelle mich zu
deiner Rechten," wiederholte sich Timotheus die latei=
nischen Worte und der Schauer des cantus firmus
ging ihm durch Mark und Bein. Der Priester hatte
inzwischen die geweihte Hostie in einen goldenen Sarg
auf dem Altar gelegt, dessen Deckel von selbst sich
schloß. Timotheus wußte, daß am dritten Tage, am
Morgen des Osterfestes, dieser Deckel ebenso wieder
sich öffnen und die Hostie von selbst emporsteigen
werde als Symbol der Auferstehung. Inzwischen
aber hielten zwei wächserne Engel Wacht an dem
heiligen Grabe, der eine zu Häupten des Sarges,
der andere zu seinen Füßen. Darauf bestieg ein
Mönch der Bruderschaft des heiligen Franciscus

in brauner Kutte die Kanzel und redete bewegliche
Worte über das Leiden des Herrn und seine fünf
Wunden, und was eine jede bedeute. Der Meister
sah wohl, wie inbrünstig und heftig der Prediger
oben sich erging. Auch die Bewegung blieb ihm nicht
verborgen, die die Hörer ringsum ergriff. Er hörte
seufzen und schluchzen, und oft war es so still, daß
Timotheus seine eigenen Athemzüge vernehmen konnte.
Aber des Malers Herz war noch allzu voll von dem
Aufregenden, das hinter ihm lag, als daß er den
Worten des fremden Mönchs hätte folgen können.
Er schaute fast immer nach den Bänken der Frauen,
wo Theodoras reines Profil sich wie ein lichtes
Engelsköpfchen von dem schwarz umwundenen Pfeiler
abhob. Fiel dann der rothe Schein des Fensters auf
sie, so schienen es ihm die Flammen des Hauses zu
Mainz zu sein, aus denen er auch ihr Glück gerettet;
tauchte sie in den bleichen bläulichen Schimmer, so
war es ihm, als ob er sie todt aus dem Strome
ziehe, in den sie sich aus einem der Klosterfenster
geworfen. Dann aber richtete sie sich auf, und der
goldene Lichtschein verklärte ihr schönes blondes Haupt
mit einem Heiligenscheine der triumphirenden Kirche.
Da plötzlich sah der Maler sein Kind starr in eine
Ecke blicken. Sie fing an zu zittern und zu erbleichen.
Blaß wie der Tod fiel sie schließlich an die Schulter
ihrer Mutter, und als diese die Augen nach der gleichen
Seite richtete, sah der Maler auch Frau Sophia die
Farbe wechseln. Beunruhigt trat Timotheus einen

Schritt vor, um zu sehen, was die Ursache dieses
Schreckens sei. Da gewahrte er an eine Säule gelehnt
die lange schwarze Gestalt des Subdiaconen Marcus,
der mit seinen dunkeln Augen unverwandt nach den
beiden Frauen starrte. „Der Elende," murmelte der
Maler. „Er ist uns mit einem Schnellschiffe hierher
gefolgt. Wir werden keinen Frieden vor ihm haben,
bis ich ihn zur Hölle heimsende, die ihn ausgespieen
hat. Auch der Dominicaner ist bei ihm, sagte er
dann erschreckt, denn jetzt erst erblickte er die weiße
Kutte des Predigermönchs, der sein energisch ge-
schnittenes Profil aufmerksam der Kanzel zuwendete.
„Er hat seinen Spürhund mitgebracht," sagte der
Maler in stiller Verzweiflung. „Ich fürchte, wir sind
verloren." Finstere Gedanken zogen an dieser Stätte
des Friedens durch sein Herz, wie er sich des Buben
erwehren könne, der im Bunde mit einer übermächtigen
Gewalt nach seinem Liebsten die unreinen Hände
ausstreckte.

Von dem, was in der Kirche noch weiter sich zu-
trug, vernahm er nichts mehr. Er sah nur, wie sein
Kind schwach, gleich einer Sterbenden, in den Armen
der Mutter lag, die das Mädchen, sobald der Barfüßer-
mönch seinen Segen gespendet, hinausführte. Eilig
folgte er durch die nächste Seitenthüre und fand die
Tochter schluchzend, in einem heftigen Weinkrampfe
mitten unter den Leuten, so daß er sie ernstlich be-
drohte und so rasch als möglich in eine Seitengasse
führte, von wo sie langsam und traurig den Heim-

weg antraten. Die ganze Freude über ihre Heimkehr war von ihnen genommen. Ihnen allen war, als ob der eine Mann Macht habe, ihnen die Heimath zur Fremde zu machen, und den Sonnenschein am Himmel auszulöschen. Sobald sie aber in ihren vertrauten Wänden war, schien Theodora sich zu beruhigen. „Verzeiht, Vater,“ sprach sie. „Aber die Predigt des Mönchs hatte mich erregt, und der Schrecken war zu jäh. Die schwarz ausgeschlagene Kirche, die Lichter, die dumpfe Luft, das Alles drang auf mich ein, und als nun plötzlich der Furchtbare vor mir stand, nicht wie ein Mensch, schattenhaft, übergroß, mit dräuenden Blicken, da verließen mich meine Kräfte. Aber hier im Hause fürchte ich ihn nicht. Hier sehe ich ihn als Knaben und habe das Gesicht vor Augen, das er machte, wenn er log und Dinge ableugnete, von denen doch Jeder wußte, er habe sie verübt und Niemand sonst. Ich will ihm die Fenster zeigen, durch die er nächtlicher Weile hinausstieg zu den lockeren Zeisigen, mit denen er lieber verkehrte, als mit den Brüdern und das Kämmerchen, wo ich ihn erwischte, als er die Kasse bestahl.“ Sie lachte aufgeregt, indem sie noch einmal die feuchten Augen trocknete. Auch die Brüder traten jetzt ein. „Er ist hier!“ rief Alexius schon unter der Thüre. „Habt Ihr ihn gesehen, Vater?“ Der Meister nickte traurig mit dem Haupte.

„Wer weiß,“ begann Frau Sophia tröstend. „Vielleicht hat Marcus eine andere Sendung. Auch sein eigen Vermögen ist hier angelegt, und möglicherweise hat

er ganz andere Geschäfte. Lasset jetzt diese weltlichen
Sorgen! Mir klingt die Seele noch von den Worten
des heiligen Mannes, der die fünf Wunden so herrlich deutete, und ich fühle, daß ich noch keinen dieser
Schmerzen über mich genommen habe, wie einem
Christenmenschen doch Pflicht ist. Den bleichen Versucher hat uns Gott gesendet, damit auch wir uns
an das Kreuz schlagen lassen, vor dem wir als feige
Jünger geflohen sind." In ihren Augen lag ein dem
Gatten unbekannter Glanz und ein Geist redete aus
ihren Worten, der den Maler erschreckte. „Ist der
Feind schon in die Festung eingedrungen?" fragte er
sich. Aber er schwieg, während die Mutter nicht
müde wurde, den Klang der Stimme, die edlen Ge-
berden des fremden Mönches zu preisen und zu
wiederholen, was der Barfüßer von der Pflicht zu
leiden gesagt habe. „Dich selbst sollst Du tödten",
habe er gerufen. „Dich hungert, so faste; Dein Fleisch
gelüstet, so gib ihm die Geißel; Dein Auge ärgert
Dich, so reiße es aus." Dora schien, mit sich selbst
beschäftigt, wenig auf das zu achten, was die Mutter
sprach; die Söhne aber wurden gerade so, wie der
Vater, verstimmt von der Aufregung der wackern
Frau, die sonst niemals so viel Worte gemacht hatte.

„Ich habe gelobt, dem heiligen Timotheus ein
Bild zu stiften," sagte nun der Vater, um die Rede
auf andere Dinge zu bringen, „und ich denke, ich
male ihn, wie er, dem Brande der Stadt Rom glücklich entronnen, das Schiff besteigt, das ihn zu seiner

Gemeinde in Ephesus zurückführt. Wir wollen morgen
gleich unsere alten Vorräthe mustern, um eine tadel=
lose Tafel zu finden. Ihr aber meldet dem Zunft=
meister Eure Rückkehr, damit Ihr in den Listen nicht
gestrichen werdet; denn mit der Malerschule, die wir
in Mainz errichten wollten, ist es nun nichts. Auch
den Vergilius werden sie mir wohl schwerlich nach=
schicken."

„Wir aber," sagte Frau Sophie, und es lag eine
ungewohnte Schärfe in ihrer Stimme, „wollen das
Heil unserer Seele bedenken. Noch haben wir unsere
Osterbeichte nicht abgelegt. Der heilige Mann, der
heute gepredigt hat, wird morgen Beichte hören. Bist
Du bereit, Theodora, mit mir zu ihm zu gehen? Ihm
wollen wir den ganzen Zustand unserer Seele und
alle ihre Noth offenbaren."

Dem Meister war es unlieb, daß sein Kind, das
kaum erst sich beruhigt hatte, neuen Aufregungen
überliefert werden solle. Er wies darauf hin, wie
bleich Theodora aussehe, die durch die lange Oster=
fasten geschwächt und die Schrecken des Morgens
noch immer erregt sei. Aber Theodora selbst hatte
der Mutter zugenickt mit ihrem ernsten, reinen Auge,
und Timotheus wagte nicht, die Tochter an etwas
zu hindern, was auch ihm eine heilige Pflicht war.

So ging der Tag still dahin. Der Maler traf
mit den Söhnen alle Zurüstungen, um sein Bild be=
ginnen zu können. Die Frauen saßen in der Kammer
und sprachen die Gebete, mit denen man sich für die

Beichte zu bereiten pflegte. Am folgenden Morgen
verließen Mutter und Tochter in aller Frühe das
Haus, ohne gefrühstückt zu haben, da es Pflicht war,
die Osterbeichte nüchtern abzulegen. Auch die Söhne
verabschiedeten sich bald, um ihre Anerkennung als
Genossen der Innung bei dem Zunftmeister nachzu=
suchen. Timotheus blieb allein bei seiner Staffelei
zurück und versuchte die Umrisse seines neuen Bildes
auf die Tafel zu bringen. Aber es wollte ihm nicht
gelingen; denn allerlei Erinnerungen und irrende
Gedanken trieben ihr Spiel mit seiner Seele. „Sanct
Timotheus war ein Bischof von Ephesus; ob wohl
auch er schon von verbotenen Ehegraden wußte?"
Sollte er ihn mit einer Tonsur malen, wie seinen
Lehrer Paulus? „Ist auch er solch ein Mönch ge=
wesen, der das Heirathen ungern sah?" Als der
Meister das brennende Rom mit Strichen von rother
Kreide skizzirte, da fiel ihm ein, daß der verfluchte
Nero es angezündet habe, und eine seltsame Be=
klemmung befiel ihn, wie wenn er sich selbst als
Brandstifter vor aller Welt anklage, indem er dieses
Bild den Leuten vor die Augen bringe. Dennoch malte
er lange und eifrig weiter. Es überraschte ihn fast,
als alle Glocken der Stadt die Mittagsstunde ver=
kündeten. Wo die Frauen nur blieben? Nun waren
sie schon sieben Stunden in der Kirche und die zarte
Theodora ungespeist und ungetränkt! Ihn selbst
hungerte nach so emsiger Arbeit, und er befahl der
Magd, ihm Brot und Fisch zu bringen, indem er sich

freute, daß mit diesem Tage die Fasten zu Ende
seien. Kaum aber hatte er seine Mahlzeit beendet,
so stand sein Eheweib vor ihm. Sie sah seltsam kalt
und feindselig aus, als ob sie sich innerlich gegen
ihn verhärten wolle. „Ich komme, Abschied zu nehmen,
Timotheus," sagte sie in schroffem Tone. „Es ist
die letzte Gunst, die mir der Pater gewährte. Unsere
Ehe ist verboten; ich will nicht das ewige Feuer er-
wählen, statt zeitlicher Noth. Was die Kirche ge-
ordnet, ist gut, auch wenn wir es nicht einsehen.
Lebe wohl!" Es klang, als ob sie eine erlernte
Lection aufsage. Der Maler aber starrte sie an, als
verstehe er ihre Sprache nicht. War sie plötzlich irre
geworden in Folge der Reden des fremden Mönchs?

„Wohl ist es sauer," sagte Frau Sophia dann in
weicherem Tone, als sie das verstörte Antlitz ihres
treuen Gesponsen sah, darinnen sie jede Runzel und
jedes Fältchen kannte. „Aber soll ich viel kleine
Freude hier nehmen auf dem Erdreich und dort die
ewige Qual? Die haben übel gekauft, die so über-
große Freude des Paradieses geben um ein so kurzes
Freudelein in dieser Welt. Die fahren übel, denn
sie haben weder hier noch dort nichts. Welcher Tod-
sünde auf sich hat und ohne Reue damit von dieser
Welt fährt . . ." Aber Timotheus ließ sein Weib
nicht ausreden. „Bist Du unter die Beguinen gegangen, so predige im Leuthaus," unterbrach er sie
rauh. „Wo ist Theodora?" Sophia erblaßte, aber
sie schwieg.

„Wo ist unsere Tochter?" wiederholte der Maler, indem er sich zornig erhob. Ihm schwante Unheil.

„Ich darf es Dir nicht sagen!" erwiderte sie leise.

„Haben Dich die Pfaffen völlig verwirrt ge= macht?" schrie jetzt der unglückliche Vater. „Du darfst mir nicht sagen, wo mein Kind ist?"

„Nein", antwortete sie hartnäckig.

„Weib," rief der empörte Gatte, „mache mich nicht rasend. Sieben Stunden schleppst Du das zarte Mädchen in die kalte Kirche. Du sahst gestern selbst, wie sie krank ist nach der langen Fastenzeit. Und nun kommst Du und sagst, Du darfst dem Vater nicht sagen, wo seine Tochter sich befinde?"

„Ich darf nicht, ich habe es gelobt!" sagte sie in eisigem Tone.

„Du hast sie ausgeliefert, dem Marcus ins Garn gejagt. Ich weiß, sie hüpfen vor Freude, indessen wir in Schande stecken. Verrückte, gehe, daß ich nicht thue, was mir leid ist!"

„Sie ist wohl geborgen," erwiderte Frau Sophia ruhig.

„Im Kloster?" rief er. Wiederum blieb sie ihm die Antwort schuldig. „So fahre hin," rief er er= grimmt. „Ich danke es Deinen Pfaffen, daß sie mich von Dir befreien! Gehe mit ihnen zur Hölle!"

„Lebe wohl, Timotheus," versetzte sie sanft. Als er aufblickte von dem Tische, auf den er verzweifelt sein Angesicht gelegt, war sie verschwunden. „Wissen

muß ich, wo sie sie verborgen," rief er dann. Er er=
griff seine Mütze und stürzte ihr nach. Draußen sah
er sie eben noch um die nächste Ecke biegen. Vor=
sichtig folgte er ihr. Sophia schien nach der Gereons=
kirche zurückzukehren. Dann aber schlug sie sich links.
"Also zu den Karthäusern haben sie sie gebracht?"
Aber auch jetzt lenkte sie ab und bog in die Straße
ein, die zu den Dominikanernonnen führte. Dort
vor dem Klosterthore stand sie still. Der Maler be=
schleunigte seine Schritte, um gleichzeitig mit ihr vor
dem Thore einzutreffen, sonst konnte er nur mit Hülfe
des Raths den Eingang erzwingen. Dann aber war es
zu spät; denn bis die Obrigkeit einschritt, hatten die
Nonnen sein Kind, Gott weiß wohin, geflüchtet. Jetzt sah
er, wie sein Weib am Thore klopfte. In fliegender Hast
stürzte er vorwärts. Schon sah er das Thor sich
aufthun. Sein Weib trat ein. Er sah, wie sie mit
dem Pförtner noch unter der Thüre sprach. Dann
verschwand sie. Mit letztem Aufgebot aller Kräfte
sprang er auf das Kloster zu. Noch hatte der Pförtner
die Thüre nicht geschlossen. Mit der ganzen Wucht
seines schweren Körpers stürzte der Maler gegen
dieselbe, so daß der Thürhüter zur Seite flog, die
Thüre aber rückwärts an die Wand des Hausflurs
schmetterte. Sprachlos standen die Dreie sich gegen=
über. Der Pförtner suchte erbost nach einer Waffe.
Timotheus war außer Athem und rang vergeblich
nach Worten; Sophia zitterte vor Schreck, doch war
sie es, die zuerst sich faßte.

„Thue ihm nichts," sagte sie zu dem erzürnten
Klosterknechte; „er ist mein Mann und will mich
zurückfordern. Aber freiwillig bin ich hierher gekommen,
und freiwillig bleibe ich. Ich will ein pönitenzlich
ehrsam Leben führen, daß ich seine Sünden abbüße."

„Thue, wozu Deine Bosheit Dich treibt," sagte
Timotheus ingrimmig; „aber Theodora will ich haben.
Du sollst mir das Kind nicht an die Pfaffen ver=
kaufen."

„Laßt ihn ins Sprechzimmer," bat jetzt die Frau
den Pförtner. „Es hat keine Gefahr. Meine Tochter
folgt ihm nicht zurück in die Welt."

„Das wollen wir doch erst sehen," erwiderte
Timotheus, der sich nun gefaßt hatte. „Verzeiht,
guter Freund, daß ich so unsänftiglich Euch beinahe
über den Haufen rannte. Aber ich hatte Eile; hier,
nehmt das als Schmerzensgeld und laßt Euern Groll
fahren," damit drückte er ein Silberstück in die Hand
des Schließers, der dasselbe willig annahm.

„Komme mit mir," winkte Sophia. „Ich will
der Priorin selbst Deine Bitte vortragen." Schweigend
folgte er seinem Weibe. Also bitten sollte er hier,
wo er zu befehlen ein Recht hatte! Sie ließ ihn in
eine kahle Stube eintreten, in der einige Bänke standen
und ein vergittertes Fenster sich aufthat. Da hinter
dem Gitter ein Vorhang herabhing, konnte kein Blick
ins Innere dringen. „Warte hier," sagte sein Weib,
„bis ich der Oberin Deinen Wunsch gemeldet."
Timotheus setzte sich nieder, da ihm vor Erregung

die Kniee aneinander schlugen und die Füße kaum
mehr die Last seines Körpers tragen wollten. Nur
langsam beruhigten sich sein keuchender Athem und
seine klopfenden Schläfen. Endlich hörte er eine
fremde Frauenstimme hinter dem Vorhang, dann zog
eine magere braune Hand das Tuch zurück. Eine
Nonne stand hinter demselben; als aber der Maler
genau in das von der Kappe beschattete Gesicht sah,
erkannte er die zarten bleichen Züge seiner Theodora.
Mit einem Schritte war er an dem Gitter: „Mein
Kind, mein Kind," rief er schmerzlich und streckte seine
Arme durch das Gitter, um ihr Haupt an sich zu
ziehen. Stille weinend ließ sie es geschehen. „Herzer
Vater," sagte sie dann leise, nachdem sie hinausgeschaut,
ob auch Niemand ihre Worte höre, „glaubt mir, die
Heiligen wollen es so."

„Glaube ihnen nicht," raunte der Alte. „Gott
hätte die Welt nicht so schön gemacht, wenn er gewollt,
daß seine Menschenkinder sich vor ihr verschließen."

„Ach," rief Theodora, der die Seele von Thränen
bebte, „ich war so glücklich in dieser Welt voll Licht,
und ich wußte, daß der himmlische Vater auch für
mich noch Sonnenschein übrig habe — — da — o,
herzer Vater, warum habt Ihr das gethan? Nun
muß ich bitten und beten mein Leben lang für alle
die Seelen, die durch Euch unvorbereitet hinübergegangen sind in die ewige Qual."

„Was redest Du?" rief Timotheus erstaunt.
„Was hat man Dir in den Kopf gesetzt?"

Sie schaute ihn starr mit großen Augen an. „Ihr wißt es nicht?" sagte sie. „Sollten sie mich betrogen haben? Nein, das ist ja unmöglich," setzte sie dann sanft hinzu. „Ich wollte es nicht aussprechen, um Euch nicht zu kränken. Es ist des Kindes Pflicht, des Vaters Sünden gut zu machen, nicht sie ihm vorzuhalten."

„Du redest in Räthseln, Theodora," erwiderte der Meister.

„Habt Ihr den Brand in Mainz angestiftet oder nicht?" fragte jetzt Theodora angstvoll.

„Den Brand?" versetzte Timotheus. „Ja, unser leeres Haus zündete ich an, da ich gelobt hatte, es nicht zu verlassen, wenn es nicht einstürze. Den Schaden will ich gut machen, wenn es nur das ist, was Dich hält."

„O Vater, warum wolltet Ihr mit Teufelswerk die Heiligen betrügen? So wißt Ihr nicht, daß die Häuser der Nachbarn abbrannten, daß Menschen in den Flammen umkamen, daß eine ganze Familie im Rauch erstickte?"

„Mädchen," rief der Meister überlaut, „mache Deinen Vater nicht zum Mörder. Wer sagte Dir diese Gräuel?"

„Botschaft aus Mainz ist gekommen," flüsterte Theodora. „Man fahndet nach Dir, bleibe nicht hier, sie werden Dich greifen. Um die Geistlichkeit zu versöhnen, der das Haus gehörte und die Dich hart verklagt, haben die Mutter und ich den Schleier genommen. Du aber wirst als armer gebannter Mann in die Fremde ziehen." Timotheus stand stumm; ihm war, als ob die ganze Welt mit ihm sich im Kreise drehe.

„Einen letzten Wunsch, Vater!" hörte er seine Tochter flüstern. „Ziehe ins heilige Land! Versöhne die Heiligen. Nicht ich allein kann das Entsetzliche abbüßen, daß arme Mitchristen ungespeist und ohne die heilige Oelung hinübergegangen sind in die ewige Qual und Tag und Nacht weinen und schreien um Erlösung. Du selbst mußt auch das Deine thun. Hole Dir Ablaß, wo er zu finden ist, am Grabe Christi. Dort bete auch für mich, die die unschuldige Ursache alles Unheils wurde. Ohne mich wärest Du ja nie in diese Sünde gefallen." Und sie schluchzte.

„Schwester Ursula!" hörte Timotheus jetzt eine harte Stimme rufen. Dora streckte die Hand durchs Gitter und sagte: „Lebet wohl, lieber Vater. Gott rechne Euch an alle Liebe und Sorge, die Ihr für mich gehabt habt."

„Bist Du es, die sie rufen?" fragte Timotheus erstaunt.

„Ich habe den neuen Namen erhalten," erwiderte Dora. „Lebe wohl!"

Der Vorhang fiel zurück, und Timotheus stand allein in der leeren Stube. Wie ein Träumender taumelte er nach unten. Er sah undeutlich den Pförtner aufschließen. Dann war er vor dem Thore, und laut mit sich selbst redend schritt er durch die

11*

Menschen, die ihn seltsam anschauten. Endlich war
er zu Hause. Die alte Sabine sagte, seine Söhne
seien dagewesen und wieder weggegangen. Er beachtete
es nicht. Es war ihm unmöglich, Jemanden zu sehen
oder mit den Knaben zu reden. Still schlich er in
seine Kammer, verriegelte sie von innen und warf sich
auf sein Lager. In stummem Brüten brachte er die
Stunden hin. Als es dunkel wurde, schlief er ein.
Dann wachte er wieder in dumpfem Grame und schlief
wieder bis in den Morgen. Klopfen an der Thüre
weckte ihn. Als er auf den Flur hinaustrat, standen
seine beiden Söhne reisefertig mit Zwerchsäcken über
den Schultern vor ihm. Er schaute sie fragend an.

„Verzeiht, Vater," sprach Alexius, „wenn Euch
kränkt, was wir Euch zu sagen haben. Wir waren
gestern, wie Ihr befahlt, bei dem Zunftmeister. Der
aber weigerte sich, unsere Namen in das Buch zu
schreiben. Nur guter Leute eheliche Söhne könne die
Gilde unter sich dulden," sagte er. „Wir aber seien
nicht in rechter Ehe geboren, wie zwei geistliche Boten,
der Subdiacon Marcus und der Predigermönch Scipio
aus Mainz, dem Rathe bereits vermeldet hätten;
auch ruhe seit etlichen Tagen großer Schimpf auf
unserem Namen. Welcher, das wisset Ihr selbst, und
der Sohn soll nicht aussprechen, was die grauen
Haare des Vaters vermehrt. Als wir troß vieler
Worte und Bitten einen besseren Bescheid nicht er=
langen konnten, gingen wir umher bei den Raths=
verwandten, beim Aldermann, ja beim gestrengen Herrn

Bürgermeister selbst sind wir gewesen. Aber es war Alles vergeblich. Schließlich fielen harte Worte. Bastarde, Brandstifter, Mordbrennerbrut und andere Kränkungen haben sie uns nachgerufen. Da kamen wir zu dem Entschluß, unsere Heimath zu verlassen. Wir danken Euch für alle Liebe, die Ihr an uns gethan habt, für den Unterricht in der Kunst, die uns auch in der Fremde erhalten wird. Wir wollen nach Gent in den Niederlanden, denn der Aldermann, der uns wohl will, meinte, dort frage man nicht viel nach den Gesetzen der Pfaffen."

Verlegen und zögernd standen die Jünglinge vor ihm. Timotheus aber war innerlich gebunden. Nichts regte sich in ihm von der Liebe, mit der er doch in seinem tiefsten Innern an diesen Knaben hing. „Auch sie verlassen mich im Elend," dachte er bitter. Aber er nickte nur stumm. „Ja, ja," sagte er dann. „Hier könnt Ihr nicht bleiben. Mögen die Heiligen Euch behüten, daß Ihr keine Kanones verletzt, die Ihr nicht kennt."

„Lebet wohl, Vater," sagte Lutz gepreßt. Man sah, daß er mit den Thränen kämpfte. Timotheus gab beiden Söhnen die Rechte, aber sie lag bleiern zwischen ihren zitternden Händen. Dann kehrte er in seine Kammer zurück und warf sich wieder auf sein Lager.

Um Mittag erhob er sich. „Jetzt beginnt die Kreuzpredigt," sagte er. „Aber der Herr Papst hat ja geboten, keine alten und kranken Leute mehr zur

Kreuzfahrt zuzulassen. Sie sollten statt dessen so viel
Geld einlegen, daß ein Gesunder dafür ausziehen kann
oder die Kosten gedeckt werden für die Reisen der
Mönche. Geld ist ihnen lieber als Buße. Das
steht wohl auch in den Kanones." Und er lachte
bitter auf, aber er stülpte seine Mütze über seine ver=
worrenen Haare, um sich auf den Weg zu machen
nach der Kirche der Johanniter, wo an jedem Fest=
tag für das heilige Kreuz geworben wurde. Als er
unter die Thüre trat, kam ihm die alte Sabina mit
Weinen und Schluchzen entgegen. „Meister," rief
sie, „was thut Ihr noch hier? So schnell Euch
Eure Füße tragen, lauft in die nächste Kirche und
ruft: Asyl! Asyl! Der Büttel selbst läßt Euch sagen,
die Mainzer Pfaffen verlangten Eure Auslieferung.
Der Rath aber, um Euch Zeit zu lassen zur Flucht,
habe den Bescheid bis nach dem Feste vertagt."
Gleichgültig hörte Timotheus die Warnungen der
Alten.

„Was glaubst Du," sagte er, „daß mein Leben
noch werth sei, nachdem mich Weib und Kinder ver=
lassen haben?"

„Herre, Herre," warnte die alte Frau, „das Leben
ist nicht viel werth, aber der Tod ist bitter. Hu,
wenn Ihr's einmal gesehen hättet, wie sie mit rothen
Eisen brennen, ehe der Henker gnädig mit der glühen=
den Zange dem armen Sünder den Rest gibt. Ihr
nähmet lieber das Kreuz, als daß Ihr das erduldet."

„Das eben wollte ich," erwiderte der Maler.

„Dank sei der Mutter Gottes, die Euch erleuchtet,"
rief die Alte hastig. „Ich dachte schon, Ihr wolltet
Euch ausliefern, wie Ihr so redetet. Aber eilt, eilt,
daß Ihr das Asyl erreicht, ehe der böse Bube Euch
festnimmt." Timotheus gab der Alten stumm die
Hand und trat hinaus auf die Straße. Mit trüben
Gedanken schritt er durch die festlich geschmückte Menge,
die Ostern feierte. Für ihn gab es fortan kein Ostern
mehr; von heute an war ihm jeder Tag ein Kar=
freitag. Das fröhliche Schwatzen der Leute that ihm
weh, und er war froh, als das Dämmerlicht der
kleinen Kirche ihn aufnahm. Noch war sie völlig leer.
Die Stunde der Kreuzpredigt mußte noch nicht ge=
kommen sein. Gleichviel, er war hier so gut wie zu
Hause. In trüben Gedanken sank er auf einen Schemel
nieder und schaute längs des Gewölbes nach den
Fenstern des Chors, von wo das rothe Gewand und
der goldene Heiligenschein über den gelben Locken des
Apostels Johannes ihm entgegenglänzten. „Er soll
ein guter Mann gewesen sein," dachte Timotheus,
„gerade wie Lucas, der Schutzpatron der Maler und
Schreiber." Warum hatten Beide ihm nicht beige=
standen und waren säumig gewesen, ihn zu warnen?
Aber freilich, sie hatten auch Kanones geschrieben.
Da zürnten sie ihm, daß er dieselben übertreten. Ihr
Zorn hatte auf ihm gelegen, ohne daß er es wußte.
So war er ein Brandstifter geworden, ein Mörder,
ein Verfluchter. Drüben im Fegfeuer krümmten und
quälten sich nun die Seelen, die ohne Segen, ohne

Absolution, ohne Wegzehrung, ohne letzte Oelung
hinübergegangen waren durch seine Schuld. „Kain,
Kain!" schrieen sie. Ihre Engel im Himmel weinten
und selbst sein Patron wandte sich zürnend von ihm
ab und wollte das Bild nicht haben, das er für ihn
gemalt hatte. Ohne Hülfe oben im Himmelssaal, ohne
Stütze hienieden blieb er allein auf der dunkeln Erde
zurück. Alles, Alles hatte er verloren. Sein Eigen=
thum mußte er weggeben. Die Knaben irrten in der
Ferne. Seine Frau machten sie doch höchstens zur
Klostermagd, und seine Tochter, wozu machten sie die?
Er fing an zu weinen. Ein großes Mitleid mit sich
selbst überkam ihn, und er fühlte, wie auch der heilige
Johannes anfing ihn zu bedauern. Deutlich sah er,
wie der freundliche Jüngling sein schönes Angesicht
ihm zuwendete. Jetzt löste der sanfte Heilige sich
langsam los aus seinem blauen Grunde, und es war,
als ob er zu ihm herüberschwebe. Leise fing die Orgel
an zu tönen und süßer Wohlgeruch wehte dem Schläfer
entgegen. „Sei getrost, Timotheus," sprach der Heilige
lächelnd. „Niemand ist durch Dich zu Schaden ge=
kommen, als die es verdienten. Einige leere Scheunen
der Pfaffen wurden vom Feuer ergriffen, die Familie
aber, die verbrannte, waren nur Deine Puppen."
„O," seufzte Timotheus, und es war ihm, als ob ein
schwerer Stein von seinem Herzen falle. Der Heilige
aber legte seine milde, weiche Hand auf die Stirne
des kranken Mannes, und die Töne der Orgel wurden
immer deutlicher und kamen näher. Jetzt konnte

Timotheus auch Worte vernehmen: „Fest steht und treu die Wacht am Rhein." Da schlug er die Augen auf und schaute in das frische Antlitz seiner Theodora, die sich besorgt über ihn gebeugt hatte.

„Was ist das?" fragte er verstört.

„Ei, sie bringen dem Herrn Rollmops ein Ständ= chen," erwiderte Theodora. „Es ist gut, daß sie Dich weckten, denn Du hast wieder so lange geschlafen, daß Mutter ganz ängstlich wurde."

Timotheus sah an sich herab. Der Pelzrock war verschwunden. Keine Farbe klebte an seinen Händen. Er schaute besorgt nach Theodora, aber sie trug kein Nonnenhabit, sondern ein blaues Wollkleid, das ihr reizend stand. „Tolle Geschichte," murmelte er, „mit diesen Träumen. Kind, ich meinte wirklich, Du wärest ins Kloster."

Theodora lachte laut und rief: „Glaubst Du, mein Fritz würde das leiden?"

VI.

Die nächsten Tage verflossen dem Emeritus im Verkehre mit der lang entbehrten Tochter und im Genusse ihrer kindlichen Zärtlichkeit so angenehm, daß er alles Andere darüber vergaß, nichts aber so gern und so völlig wie die politischen Wahlen. Zwar hatte der Herr Pastor Marcus ihn einmal auf der Straße angesprochen und dabei den neulichen Aus= tausch von beleidigenden Reden ins Komische ziehen

wollen, um dann den Herrn Rector mit aufgehobenem
Zeigefinger zu mahnen, daß man bei der Stichwahl sicher
auf ihn rechne; Timotheus aber hatte dem jungen
Eiferer mit einem kalten Gruße den Rücken gewendet
und war fürbaß gezogen. Der Wahltag war ohne=
hin der Tag der Abreise seiner Dora, die von ihrem
Fritz keine Verlängerung ihres Urlaubs hatte erwirken
können, so sehr auch Eltern und Brüder neckten und
drängten. So kam denn der Abschied. Der für die
Familie so unwillkommene Morgen war feierlich mit
Böllerschüssen eingeleitet worden; denn die Wahl=
comités hatten beschlossen, heute alle zwei Stunden
ihre Salven ertönen zu lassen, um die säumigen
Wähler an ihre Pflicht zu erinnern. Die persönlichen
Mahnungen wollte man dagegen unterlassen, denn
dieselben hatten nicht nur im Hause des Herrn Rector
Verdruß hervorgerufen, sondern auch anderwärts war
es zu unliebsamen Zusammenstößen gekommen. So
geschah es, daß, als Theodora's Wagen nach Tisch
vorfuhr, und Herr Timotheus seiner Tochter eben
einen langen und innigen Abschiedskuß auf den rosigen
Mund drückte, die Lippen der Beiden plötzlich aus=
einander flogen, denn gerade diesen feierlichen Augen=
blick hatte sich der tückische Kammerjäger gewählt,
um einen Schuß abzugeben, und in der folgenden
Kanonade gingen alle die herzlichen Abschiedsworte
verloren, die das liebe Kind den Eltern noch zurief.
Die Brüder sprangen mit Dora in den Wagen, und
als derselbe außer Gesicht war, kehrten die alten Leute

zu ihrem gewohnten Platze unter den grünen Katalpen zurück, die nunmehr im Abblühen waren und Tisch und Bänke mit ihren welken Blüthen überstreuten. Frau Sophia, an deren Wimpern noch eine Abschieds= thräne hing, nahm ihr Strickzeug heraus, und die Gatten saßen stumm bei einander, indem sie dem Summen der Bienen lauschten, die die letzten Blüthen des Baumes umschwärmten und tief in die weißen Kelche schlüpften. Der Rector zog nach einer Weile seinen gewöhnlichen Tröster, die geliebte alte Ausgabe des Phädon, aus der tiefen Rocktasche und begann zu lesen. Zuweilen machte er einen leichten Strich am Rande, wenn ihm eine Textverbesserung des würdigen Herausgebers besonderer Beachtung werth schien. Inzwischen nahte die wackere Sabine und begann leise den Tisch abzuräumen. „Willst Du den Kaffee um vier Uhr wieder im Garten trinken?" fragte Frau Sophia. Der Rector schlug langsam sein Buch zu, dann sagte er: „Die Kinder lieben es so, und ich bin kein Spielverderber. Der Blüthen= duft ist freilich, seit die ganze Erde mit dem Zeuge überstreut ist, stärker als je. Ein wahrer Manzanillen= baum, diese Katalpa! Als ich neulich auf dem be= quemen Bänkchen droben einnickte, träumte ich wieder die tollsten Dinge und hatte beim Erwachen starken Kopfschmerz."

„Mir ist's auch lieb," erwiderte die Rectorin, „daß der Baum bald verblüht haben wird. Bis in die fernsten Räume erfüllt er das Haus mit seinem

bellemmenden Geruche. Es ist entschieden des Guten
zu viel, und Alexander, unser Mediciner, meint sogar,
der Blüthenstaub sei die Ursache Deiner schweren
Träume." Die jungen Leute waren inzwischen von
dem Bahnhofe zurückgekommen, wohin sie die Schwester
begleitet hatten, und während Alexander die letzten
Abschiedsgrüße des lieben Kindes berichtete, ergriff
Lutz die auf dem Tische liegende Phädonausgabe,
und nachdem er eine Weile in derselben geblättert
hatte, sagte er: „Wie die Leute hübsch druckten vor
drei Jahrhunderten und auf welch' schönes festes
Papier!"

„Ja, mein Junge," sagte der alte Schulmann
wohlgefällig. „Jede dieser schön geschnittenen Lettern
ist ein Zeugniß der Tüchtigkeit unserer Voreltern,
während unsere heutigen mageren und fehlerhaft
gesetzten Ausgaben ein trauriges Denkmal unserer
Flüchtigkeit sein werden." Lutz lächelte. Er kannte
des Vaters Steckenpferd und hütete sich, zu wider=
sprechen.

„Ja, ja," bestätigte Frau Sophia, „es ist traurig,
wie man heut' zu Tage den Kindern mit gelbem
Papier und kleiner Schrift die Augen verdirbt, und
das heißen sie die Kinder ausbilden."

„Und was das Schlimmste ist," fuhr der alte
Schulmann fort, indem er entrüstet mit seiner Hand
auf seinen Phädon schlug, „das Holzpapier, das sie
seit den letzten dreißig Jahren machen, vermag dem
Einfluß der Luft nicht dauernd zu widerstehen. Wenn

ich in der Registratur die alten Jahrgänge der
Gymnasialzeugnisse nachschlug, wehten mir die Fetzen
der zerbröckelnden Blätter entgegen. Das schlechte
Papier zersetzt sich und zerfällt zu Staub. In fünf-
hundert Jahren wird die ganze Literatur aus der
zweiten Hälfte unseres Säculums Staub und Asche
sein."

„Gott sei Dank!" entgegnete die alte Frau. „Da
werden die Kinder wenigstens mit diesen Geschichten
nicht mehr genudelt."

„Sage das nicht!" erwiderte der Rector strafend.
„Es sind schöne Werke darunter. Denke an Boeckh,
an Haupt, an Curtius . . ."

„Dich selbst nicht zu vergessen .." lachte die
Rectorin.

„Ach, hätten sie im Alterthum doch auch auf
Holzpapier geschrieben," seufzte Lutz, „dann hätten
wir keine unregelmäßigen Verba zu lernen und kein
griechisches Scriptum."

„So, so, Du unnützer Junge!" sagte der Rector
entrüstet. „Das also ist Deine Dankbarkeit gegen
das Gymnasium und die classischen Studien!"

„Ja," rief Lutz eifrig, „wenn das Gymnasium
noch wäre, was es in den classischen Zeiten war!
Hui! was wollte ich gern dort meine Tage zubringen.
Neulich mußten wir die ganze Einrichtung des Gymnasiums zu Elis aus Pausanias auswendig lernen.
Statt der engen Schulstuben, in denen wir zusammen-
gepfercht sind wie die Schafe, die des Metzgers warten,

schöne Platanengänge in der Nähe eines Flusses,
in dem man den Schulstaub sich abwusch, und was
für Schulstaub! Keinen Bücherstaub, auch nicht den
von Holzpapier, sondern den edlen Staub der Renn=
bahn. Unser Gymnasiarch meint, Sicherheit in der
griechischen Grammatik, das sei der Zweck des Lebens;
da waren die alten Gymnasiarchen andere Kerle.
Uh, wenn unser Gymnasialplan so lautete: Von acht
bis neun Uhr Wettlauf, von neun bis zehn Uhr Singen,
von zehn bis zwölf Uhr Discuswerfen, von zwölf
bis ein Uhr Schwimmen und Mittags Ringen, Faust=
kämpfe, Wettfahren. Aber mit diesem schönen Gym=
nasium hat das unsere leider so wenig Aehnlichkeit,
daß ich zweifle, ob der Name überhaupt daher stammt.
Viel wahrscheinlicher leitet man ihn von gymnazein,
schinden".....

„Willst Du schweigen, Du ruchloser Knabe," rief
der Rector, indem er in komischer Entrüstung die
langen Arme in die Luft warf. „Solch' frevelhafte
Tempelschänder habe ich in meinem eigenen Hause
erzogen! Wenn das am grünen Holze vorkommt!
Ei, ei, ei!"

Er schien doch innerlich so erbost nicht zu sein, als
er sich stellte, und die beiden jungen Leute sahen
wohl, daß er mühsam sein Gesicht beherrsche, während
ein Lächeln um die alten faltigen Lippen zuckte. Darauf
nahm er würdig seinen Phädon, klappte mit demselben
dem tempelschänderischen Lutz väterlich auf sein rebel=
lisches Haupt und zog sich behaglich mit dem Kopfe

nickend, nach dem Wäldchen zurück, um auf seiner geliebten Traumbank sein Mittagsschläfchen zu halten. Aber Morpheus säumte heute. Die Spöttereien des jungen Mannes hatten dem Vater doch einen tieferen Eindruck gemacht, als er sich selbst zugeben wollte. War nicht, mit der antiken Bildung verglichen, die heutige wirklich eher eine Unterdrückung als eine Ausbildung der natürlichen Anlagen zu nennen? Gewiß, es lebte sich leichter unter den Platanen Plato's als in den dumpfen Corridoren und niederen Schulstuben des Gymnasiums, in denen er sein halbes Leben zugebracht hatte. Vor zwei Jahrtausenden wurde der Unterricht, den er sein halbes Leben lang immer wieder von vorn hatte ertheilen müssen, meist durch Sklaven besorgt; aber jene Sklaverei, so sagte er sich, war doch kaum drückender gewesen als das harte Leben, auf das er selbst zurückschaute. Vom Morgen bis Abend in der dumpfen Schulstube stehen und Jahr für Jahr dieselben Elemente der alten Sprachen einüben, zu Hause Schulhefte corrigiren und wieder Schulhefte und dann die sparsamen Ferien athemlos ausnützen für eigene Arbeiten — war das etwa kein Sklavenleben? Eine große Bitterkeit überkam ihn. Ja, der tolle Knabe hatte ganz recht. Vor zwei Jahrtausenden hätte er leben mögen, ehe diese ganze gothische Cultur mit ihrem noch nicht überwundenen Mönchsgeist über die Welt kam, die die Menschen in die Zellen sperrte und den Buchstaben anbeten lehrte statt der Natur. Er sah den grünen Rasen am Gestade

der Sirenen; über dem Ufer erhoben sich die Tempel
von Pästum mit ihren schweren Dorersäulen; und
drüben rauschte das blaue Meer die ewige Melodie,
der schon Hesiod's und Homer's Ohr ihren Rhythmus
abgelauscht. So viel Licht drang in dieser hellen Welt
der Antike auf ihn ein, daß er die Augen schließen
mußte. Um so deutlicher stiegen die Bilder vom Golfe
von Neapel, die alten Städte, deren heilige Trümmer
er in den Tagen seiner Jugend auf einer Ferienreise
besucht hatte, vor ihm auf. Er sah die Esse des
Vulcan, die mit ihrer Rauchsäule gleich einer Pinie
den schöngeformten blauen Berg krönte; er wanderte
durch die engen Straßen von Pompeji und saß auf den
Trümmern von Puteoli und Bajä. Ueber Erwarten
enge und nahe aneinander gerückt fand er Alles, aber
wo eine feste, fensterlose Mauer das Haus von dem
Lärme der Straße scheidet und der Mensch nicht nur
das Stück Erde unter sich, sondern auch ein Stück
Himmel über sich zu eigen hat, das auf sein Viri=
darium, den vom Säulengang umgebenen Innengarten,
herabblickt, da besitzt man seine vertrauliche Welt für
sich, auch mitten in dem Ameisengewimmel einer engen
Stadt. Es kam ihm doch wohnlich und heimisch hier
vor, und sein Auge ruhte mit Wohlgefallen auf dem
umhegten Garten, in dem unter dem Marmorbilde der
Flora eine Quelle hervorsprang, während die auf den
ziegelrothen Wänden in hellen Farben gemalten
Tänzerinnen ihm fröhlich zulachten.

VII.

In diesem Garten, neben dem plätschernden Brunnen, saß Timotheus auf der Treppe des Peristyls und las aus einer schönen Handschrift des Phädon einem vornehmen Greise vor, der, auf dem Ruhebette ausgestreckt, sich fröstelnd in seine Toga hüllte. „Laß jetzt den Philosophen," sagte der alte Mucius. „Ob die Seele fortdauere oder nicht, das Sterben ist eine häßliche Sache und nicht die Aussicht auf ein schöneres Leben im Elysium macht sie mir erträglich, die ungewiß ist, sondern das Eine, was gewiß ist, daß sie mich von der unheilbaren Krankheit des Greisenthums erlöst. Doch reden wir von der Gegenwart. Du wolltest mir heute Morgen, ehe der Anfall mich ergriff, erzählen, daß es Deinem Lucian geglückt sei, den jungen Rappen wieder in meinen Stall zurückzubringen, den Scipio mir entführte."

„Wenn es Dich zerstreut, Herr," erwiderte Timotheus, „will ich den Knaben rufen. Er wird es Dir besser berichten als ich, der ich nur mit halbem Ohre seiner Erzählung zuhörte, während ich das Pergament für Dein Vermächtniß mit Bimsstein glättete."

Der Kranke nickte, und Timotheus schlug auf eine silberne Cimbel, die auf dem kunstreichen Tischchen vor dem Polster des sterbenden Herrn stand. Sofort erschien vom Vestibulum her ein in eine weiße Tunica gekleideter, hochgewachsener Knabe mit schönen hellen Augen, der, die Hände über der Brust kreuzend, sich vor dem Dominus verneigte.

„Erzähle, wie Du den Rappen gestern einfingst!" sagte Timotheus.

„Wie Du befahlst," erwiderte der Knabe, „erwartete ich die Stunde der Diebe, ehe ich zur Pferdeweide hinausschlich. Ich wußte, daß Scipio's Wagenlenker, der uns den Rappen von der Weide weggeführt hatte, ihn in seinen Pferch gesperrt, damit er dort an seine Stuten sich gewöhne. Aber Bucephalus kennt meinen Pfiff, darauf vertraute ich. Es war etwa zwei Stunden vor Sonnenaufgang, als ich an dem Gehöfte ankam. Die Pferde lagen am Boden ausgestreckt, unseren Bucephalus aber mochten die anderen Hengste mit Bissen und Schlägen tractirt haben, denn er lag allein für sich abseits von der Herde. Um so leichter konnte ich mich an ihn machen. Ich sah, wie der Schwarze das Haupt erhob und schnupperte, als er meine Schritte hörte. Mit gekrümmtem Rebmesser löste ich nun die Stangen des locker gefügten Gehegs, so daß eine Lücke entstand, aber weislich nicht in der Richtung auf Deine Höfe, sondern nach der Villa des Marcus zu, des hageren Geizhalzes, dem die Nachbarn jede Schalkheit zutrauen, damit auf ihn der Verdacht des Diebstahles falle. Als ich die Arbeit beendet, pfiff ich leise den Triller, an den ich Deine Rosse gewöhnt habe. Wenn der Wächter es hörte, mochte er denken, daß einer der Hirten sich die Nachtwache mit der Syrinx verkürze. Der Rappe aber schoß alsbald in die Höhe und sprang herüber an meine Seite. Die übrigen Mähren reckten nur müde die Köpfe und

wurden sofort wieder ruhig. Ich aber schwang mich
auf des Thieres Rücken, und nachdem ich ihn eine
Weile am Hag hin- und hergeführt, ließ ich den
Rappen, wie er gelehrt ist, rückwärts gehen, so daß
im Sande die hinteren Hufen zuerst sich abprägten,
und es so schien, als ob die Spuren von des Scipio
Gehöfte in des Marcus' Gehege hineinführten. Sobald wir so die gepflasterte Straße erreicht hatten,
wendete ich um und jagte heimwärts. Wenn sie nun
heute den Spuren nachgehen, werden sie im Gehege
des Marcus Umschau halten und dann in dem der
folgenden Nachbarn, an uns aber werden sie schwerlich
denken."

„Und hat Dich Niemand gesehen auf Deiner
Diebsfahrt?" fragte der Herr mit müdem Lächeln.

„Wohl sah ich," erwiderte der Knabe, „als ich
die nachterleuchteten Pfade dahinritt, unseren Nachbarn,
den greisen Glaucus, vor Anbruch des Morgens
bereits nach seinem Weinberge hinausgehen, und er
schaute mißtrauisch auf den nächtlichen Reiter. Ich
aber stellte den Rappen und sagte: „Höre, Greis,
wenn Du gebückt Rebstöcke gräbst, kannst Du nicht
sehen, ob hinter Dir ein Pferd oder ein Reiter vorbei-
kam, und Deine Jahre machten Dich schwerhörig, so
daß Du auch hellen Ton des Pferdehufes nicht vernehmen kannst. Dieses antworte, wenn man Dich
fragt, sonst könnten eines Morgens Deine Reben ab-
geschnitten sein und Deine Kelter häßliche Löcher des
Bohrers zeigen. Verstehst Du?" Er aber nickte

12*

mit dem Kopfe. „Schweigen," sagte er, „ist die Weis=
heit des Schwachen. Vieles versteht der Fuchs, der
Igel nur Eines, doch frommt es ihm. Er rollt sich
zusammen. Dies ist auch Glaucus' Waffe." Da
warf ich ihm ein Geldstück zu und trabte weiter, da=
mit der die Menschen zur Arbeit erweckende Morgen
mich nicht überfalle. Auch kam ich unbelästigt nach
dem Gehöfte, und als Bucephalus die gewohnte
prangende Grasflur gesehen und die schimmernde
Tränke, da wieherte er fröhlich. Ich aber führte ihn
in den inneren Hof und sagte Stephanus, er solle
ihm Dein Zeichen sofort einbrennen, um Scipio's
diebischen Hirten den Pferdefang zu verleiden."

Mit Wohlgefallen hatte der kranke Mucius dem
Berichte seines Sklaven zugehört. „Du gleichst dem
listenersinnenden Hermes," sagte er lächelnd, „der
von Pieria's schattigen Bergen die unsterblichen Rinder
der Seligen entführte. Gehe, mein kluger Knabe, ich
werde Deiner gedenken, und wenn Alexander mit den
Geschäften des Gartens geendet hat, mag er Dich
ablösen an der Pforte, damit Du nach Bucephal
siehst und mir wieder berichtest."

Lucian verbeugte sich und kehrte nach seinem
Pförtnerstübchen zurück. Der Kranke aber schaute
ihm mit einem wehmüthigen Blicke nach. „In diesem
Alter stände nun mein Enkel Evenos, wäre er nicht
gleich meiner Tochter der räthselhaften Krankheit er=
legen, die sie aus Marcus' Bechern tranken, und nun
erbt Scipio Alles. Der Uebermüthige aber kann nicht

einmal warten, bis ich in Charon's Nachen schaukle.
Noch im letzten Augenblicke fängt er mir die Rosse
von der Weide."

„Er dachte nicht," erwiderte Timotheus, „daß Du
Dich noch kümmerst um Deine Habe."

„Ja, er beeilt sich," sagte der Greis. „Er beerbt
mich bei lebendigem Leibe."

„Und warum lässest Du ihn erben, Herr?" fragte
der Sklave vorwurfsvoll.

„Er hat mir die Schlinge fest um den Hals ge=
legt," antwortete der Kranke leise, „und wenn ich
auch bald das Haupt herausziehe, die Rache würde
auf Lebende fallen, die mir werth sind. O, wie ich
mich sehne, allen diesen Erinnerungen zu entfliehen,
auszuruhen von der langen Krankheit des Lebens
und traumlos dort unten zu schlafen, wo ich das
Grabmal mir baute, nahe dem Strande Poseidon's,
von des Meeres ewiger Klage gewiegt!"

Timotheus sah sinnend auf die Handschrift des
Phädon, die vor ihm lag; er hätte so gern den
Sterbenden an das Testament erinnert, dessen Ab=
fassung Mucius immer und immer wieder hinausschob.

„Die Gemeinheit schwelgt," begann er darum aufs
Neue, „und es darben die Edeln. Deshalb gaben
die Gesetze dem Greise das Recht, die Ungleichheit
der Loose zu mildern, indem er einen Theil seines
Reichthums den erprobten Freunden und Dienern
hinterlassen darf. Noch lange spinne die Parze Deinen
Lebensfaden, und Zeus mehre Deine Jahre von den

unseren. Täglich bitten wir die Oberen darum mit erhobenen Händen; aber wie es ihnen gefällt, fügen die Götter den Schluß. Darum wäre es weise, Herr, wenn Du heute das Vermächtniß schreiben wolltest, wofür Du mich das Pergament schon gestern glätten ließest. Zögere nicht, denn Deine Erben lauern. Im Umsehen werden sie da sein, oder es täuscht mich ein Gott. Ich zweifle, ob sie auch nur Deinen letzten Odemzug abwarten. Du siehst es ja; schon jetzt fangen sie Dir die Pferde von der Weide."

„Morgen, Timotheus," sagte der Kranke mit matter Stimme. „Meine Hand ist heute schwach. Ich kann nicht schreiben."

Timotheus seufzte. „Zögern wird er und zögern, bis es zu spät ist." Sorgenvoll prüfte der Sklave die Züge seines kranken Herrn, die ihm heute noch weniger als gestern gefallen wollten. Die Augen des Kranken ruhten müde auf den zitternden Wassern des Springquells und den dunkeln Blättern der Lorbeer= büsche. Plötzlich aber ging ein Lächeln über das Ge= sicht des Greises: „Froh wie Flora," sagte er leise, „in der Hand ein Myrthenreis und frische Rosen, tritt sie herein, und beschattend fällt um Brust und Nacken die ambrosische Locke." Timotheus sah hinüber und ent= deckte hinter den Büschen das helle Gewand seiner Tochter, die in dünnem Frauengewande gleich einer lieblichen Vision von den roth getünchten Wänden sich abhob. „Vielleicht, daß sie den Herrn geneigter stimmt," dachte er und winkte seinem Mädchen. „Komm',

Theodora," rief er, „bringe dem Herrn Deine Rosen."
Gleich Artemis, in eine kurze Tunica gekleidet, kam
die junge Sklavin zwischen ihren Blumenbüschen her=
vor, und des Greises erlöschendes Auge hing wohl=
gefällig an der sinnberückenden Schönheit der jugend=
lichen Gestalt. Mit einem freundlichen Lächeln nahm
er einzeln die Rosen, die sie ihm reichte, und legte sie
neben sich auf das Tischchen. „Dein Bruder Alexander,"
sagte er, „versteht Blumen zu ziehen wie keiner vor
ihm. Aber was soll dieser Epheukranz? Die Zeit
der Gelage ist vorüber für Deinen armen Herrn."

„Die Mutter meinte," sagte das junge Mädchen
zutraulich, „Eppich kühle fieberheiße Schläfen. Darf
ich den Kranz Dir aufsetzen, Herr?"

Mucius nickte ihr freundlich zu und neigte das
alte Haupt ihr entgegen. Da trat sie näher, beugte
ihre jugendwarme Gestalt über den sterbenden Mann
und drückte mit ihren zarten Händen den Kranz auf
das spärliche weiße Haar des Greises. Dieser aber
legte die welken Hände um die vollen Hüften der
üppigen Sklavin und sagte: „Küsse mich, Theodora."
Sie hauchte einen Kuß auf die faltige Wange und
richtete sich dann lächelnd empor. — Er aber hielt
sie fest und sagte scherzend: „Ja, wenn ich dreißig
Jahre jünger wäre, verständen wir uns besser! Nun bin
ich welk, und Du wünschest wohl selbst, ein Jüngerer als
Mucius hätte Euch aus dem Nachlaß des Kreon gekauft?"

„Vielleicht Herr," erwiderte die junge Sklavin.
„Einem jungen Herrn hätte ich meine Freiheit ab=

geschmeichelt." Als sie aber einen forschenden Blick
ihrem kecken Worte nachschickte, sah sie, wie die Mie=
nen des Greises sich verdüsterten. „Du trägst," sagte
er bitter, „das Schwert verhüllt in Myrthen und
Rosen wie Harmodius und Aristogeiton. Kein Tag
verstreicht mehr, daß ihr mich nicht mahnt. Laß das,
Theodora, mein Versprechen könnte mich sonst gereuen."

Gekränkt ging das Mädchen zur Thür, doch lang=
sam und öfter umblickend, ob er sie nicht zurückrufe.
Aber Mucius hatte sich wieder in seine Polster fallen
lassen und verglich die Farben der Rosen, die sie ihm
gebracht hatte. Düster und sorgenvoll saß Timotheus
neben ihm und schaute finster in seinen Phädon. Der
Kranke sah es, und trotz seiner uneingeschränkten Ge=
walt von dem Diener abhängig, auf dessen guten
Willen er angewiesen war, begann er begütigend:
„Deine Frau räth gut. Der kühle Kranz, den Sophia
mir schickte, lindert die Hitze. Sie macht ihrem Namen
Ehre. Nicht das erste Mal ist es, daß ihre Weis=
heit findet, was mein Leiden erleichtert."

„Möchte es ihr noch lange gelingen, Herr," versetzte
Timotheus, „den dünner werdenden Lebensfaden zu
netzen, daß er nicht abreißt; denn die Parze, die ihn
durchschneidet, zerschneidet auch unser Glück," und er
seufzte.

„Du fürchtest Dich vor Scipio," fragte der Kranke.

„Er ist ein harter Herr," entgegnete Timotheus
traurig; „aber mehr als den bekannten Despoten
fürchte ich die unbekannten. Du warest gütig und

mild. Weder nach der Jugendblüthe meiner Tochter noch nach der meiner Söhne strecktest Du begehrliche Hände. Du verwendetest mein Wissen und Können auf die Bücherſammlung, die ich verdreifacht habe; Du ſetzteſt Sophia über die Küche, und ihrer Sorgſalt und klugen Wahl verdanken wir es, daß das achtzigſte Jahr hinter Dir liegt. Lucian vertrauteſt Du die Hut der Pferde und Alexander den Dienſt in Garten und Haus, wie es den Neigungen und Gaben eines Jeden entſprach. So blieben wir beiſammen, während viele Knechte nicht wiſſen, welches Land ihre Kinder bewohnen, wie ſie ſelbſt nicht zu ſagen vermögen, wer ihnen Vater und Mutter geweſen iſt. Nun wird das Alles anders. Scipio bringt ſeine Sklaven mit herüber in Dein Haus. Was ſoll der Soldat mit Büchern? Er wird mich verkaufen, ob an einen Buchhändler, ob in die Walkmühle, wer weiß es? Sophia wird vielleicht im Weinberge hacken und jäten müſſen oder Waſſer ſchleppen mit den alten Schultern. Die Knaben verſchachert er an einen Wüſtling in Rom, und wem Theodora zufällt, das mag Aphrodite wiſſen. Vielleicht werden wir auch Alle am Letzten des Monats nackt auf dem Markte zum Verkaufe ſtehen, Alte und Junge." Er ſeufzte wiederum und wartete dann, ob ſein Herr irgend Etwas erwidern werde. Als aber keine Antwort erfolgte, fuhr er fort: „Ich weiß, Herr, was Dich abhält, uns vor Deinem Tode noch frei zu laſſen; darf ich es ausſprechen?" Der alte Mann hatte mit finſterer Miene zugehört.

Jetzt erhob er das Haupt, und indem er dem Sklaven einen forschenden Blick zusendete, der doch bereits der eines Sterbenden war, sprach er mit schwacher Stimme: „Rede!"

„Du glaubst," sagte Timotheus sanft, „Du würdest dann minder gut bedient sein. Du fürchtest Dich, wir könnten sofort unsere Freiheit antreten, und bangst vor neuen Gesichtern. Das einzige Hinderniß unserer Freiheit ist Dein Verlangen, es möchte bis zu Deinem letzten Athemzuge Alles hier bleiben, wie es ist. Darum vertröstest Du uns auf Dein Testament, das doch niemals zu Stande kommt."

Der Kranke nickte leise mit dem Haupte. Da erhob Timotheus feierlich beide Hände zum Himmel und rief: „So höret mich, Ihr Götter der Unterwelt, und lasset mein Mark verdorren, wenn ich den Schwur breche. Nichts soll sich hier ändern, so lange der edle Mucius Leben und Odem hat. Läßt er uns frei, so wollen wir dem Patronus noch eifriger und sorgsamer dienen als jetzt dem Dominus. Jedes Haar seines Hauptes soll uns heilig sein, so wahr ich die Oberen ehre und den allwaltenden Zeus!" Nachdem er so gesprochen, verhüllte er sein Angesicht und warf sich vor dem Bette seines Herrn flach auf die Erde.

„Stehe auf!" sagte der Kranke. „Rufe die Deinen. Ich will sie befragen, ob sie Dein Versprechen bekräftigen?"

„O, Herr, sei gesegnet für dieses gute Wort," rief Timotheus. „Ich eile, ich fliege!" Damit verließ er rasch das Peristyl und lief zu den Frauen. Beide fand er an dem Herde, wo Sophia den Koch anwies, gehacktes Fleisch so zu kochen, daß alle Kraft in einer kleinen Brühe sich sammle, und diese dann durch alten Wein schmackhaft zu machen. Theodora aber war beschäftigt, ein Tischchen mit Speisen zu rüsten und mit Blumen zu zieren, damit es so geschmückt in das Triclinium getragen werde. Als aber Timotheus an der Thüre erschien und mit eifrigem Kopfnicken ihnen zuwinkte, verstanden sie seine Blicke sofort, ließen die Arbeit und kamen zu ihm heraus. „Endlich ist er bereit," sagte Timotheus, „kommt eilig. Wo ist Lucianus?"

„Ach!" rief Sophia, „nun ist er nach der Pferde=weide, damit der Herr nicht argwöhnisch werde. Alexander soll ihm rasch nachsetzen und ihn zurück=holen." Damit eilte sie hinaus ins Vestibulum, um Alexander dem Lucianus nachzusenden. „Dieser Ver=zug ist widrig," sagte Timotheus unwillig. „Doch nützen wir ihn. Gehe Du, Dora, zum Lictor und bitte ihn, Zeuge unserer Freilassung zu sein. Unser eigenes Zeugniß würde nicht gelten in solcher Sache, und die anderen Knechte werden sich hüten, Zeugniß zu geben, da ein Sklave jedes gerichtliche Zeugniß auf der Folter erhärten muß. Also laufe zu dem nächsten Lictor, den Du triffst. Versprich ihm Alles, Wein, Gold, Dich selbst, nur schaffe ihn her, daß nicht unsere ganze Arbeit vergeblich gewesen sei. Eine schmucke Sklavin wird ihn leichter herein locken, als

ich es könnte. Auch darf ich das Haus nicht ver=
lassen. Mucius könnte rufen, und wehe uns, wenn
ich nicht hier wäre."

Die junge Sklavin strich mit ihren beiden schmalen
Händen die Haare zurück und ordnete die Falten
ihres Gewandes, dann ging sie, indem sie den Kopf
herausfordernd in den Nacken warf, zur Thüre,
während die Eltern in das Haus zurückkehrten.

Da der Kranke sich still verhielt, setzten sich die
beiden Alten auf eine Bank in dem dem Peristyl
benachbarten Tablinum, und Sophia ließ sich leise
erzählen, wie Timotheus den Kranken endlich zu
seinem Entschlusse gebracht habe.

„Das Märchen von dem entführten Rappen hat
gewirkt," sagte er vorsichtig umblickend. „Ich mußte,
daß ihn eine solche Geschichte grimmig gegen Scipio
aufregen werde. Hörte er, daß sein Erbe schon jetzt
anfange, sein Eigenthum an sich zu reißen, so mußte
ihn das antreiben, ein Testament zu machen, das nur
zu unseren Gunsten ausfallen kann."

„Ach," seufzte Sophia, „wenn nur die Lüge nicht
entdeckt wird."

„Wie wäre das möglich," erwiderte Timotheus.
„Unsere Knaben allein haben die Pferde unter sich,
Niemand kann wissen, ob der Rappe einen Tag fehlte
oder nicht. Selbst wenn er Scipio den Diebstahl
vorrücken sollte, so kann es ihm nicht auffallen, daß
dieser die Sache leugnet. Zugestehen würde er sie
ja natürlich niemals, auch wenn sie wahr wäre.

Uebrigens erzählte Lucian so schön, daß nicht der Schatten eines Verdachtes in Mucius' Seele aufstieg."

„Aber Du sagtest," fragte Sophia, „er wolle uns jetzt schon freigeben?"

„Das eben ist es, was ich erreicht habe," sagte Timotheus triumphirend. „Er gestand, daß Scipio ihn völlig in der Hand habe. Kürze er ihm das Erbe, so werde Scipio an seinen Freunden sich rächen. Jupiter wird wissen, was sie gemeinsam verübt haben, daß er sich in die Hände dieses Schurken gab. Sobald er uns aber frei gelassen hat, gehören wir nicht mehr zu dem Inventar, und Scipio, der lange seine Augen auf Theodora richtete, hat das Nachsehen."

„Maja's Sohn stehe Dir bei, daß Deine Ränke glücken," rief Sophia. „Mir ist bange, bis Mucius das Wort vor dem Lictor gesprochen hat, das er nicht zurücknehmen kann."

„Ganz recht," sagte Timotheus. „Sind wir erst frei, dann wollen wir schon noch das Testament erzwingen. Dann können wir ganz anders auftreten als jetzt, da ein ungeschicktes Wort Alles verderben würde." Sophia seufzte, und in banger Stille saßen die Gatten beisammen und warteten mit klopfendem Herzen in zitternder Unruhe, auf die Rückkehr ihrer Kinder. Als Freigelassener, berechnete sich Timotheus inzwischen, werde er ein geborgener Mann sein. Er hatte bei sicheren Leuten angelegt, was er im Hause und was Sophia in der Küche erübrigt hatte. Auch die Knaben hatten ihre Ausstände, wie er wußte,

Alexander für verkaufte Pflanzen, Lucian für ver=
heimlichte Füllen. Selbst Theodora hatte für Hoff=
nungen, die sie den Stutzern von Neapolis und Bajä
machte, manchen Silberdenar heimgebracht. „Und
Wort gehalten hat sie nie, das tugendhafte Kind,"
dachte der alte Sklave gerührt. Endlich hörte er
draußen Schritte. Sophia flog nach der Pforte und
öffnete. Timotheus sah, wie Theodora mit einem
Gerichtsbeamten eintrat, der seine Hand kühn um ihre
Hüfte gelegt hatte, und sobald sie im Schatten des
Atriums angekommen waren, drückte er sogar einen
Kuß auf die blühende Wange, die sie lächelnd ge=
währte. Aber Frau Sophia schloß die Thüre nicht.
Das deutete darauf, daß auch die Söhne bereits nahe
seien, und in der That sah Timotheus beide eilig
eintreten. Nun erhob auch er sich. Er ging dem
Lictor ehrerbietig entgegen und setzte ihm auseinander,
der Herr habe bereits seine ganze Familie frei gegeben
und wolle sein Wort in Gegenwart des Gerichts=
beamten bekräftigen, damit kein Zweifel an seinem
Willen bestehen bleibe. Der Lictor, ein stattlicher
Kriegsmann, hörte mit halbem Ohre die Erzählung
des Sklaven, während er keinen Blick von der schönen
Theodora verwendete. „Wir wollen leise eintreten,"
sagte Timotheus, „von Dir aber, Lictor, erbitte ich
die Gunst, daß, falls Mucius eingenickt sein sollte,
Du in Geduld wartest, bis er wieder erwacht
ist. Dauert es Dir zu lange, so kann Theo=
dora durch die leisen Klänge ihrer Zither ihn

wecken, sonst könnte er zürnen über die Störung seines Schlafes."

Vorsichtig und geräuschlos traten darauf die Anwesenden in das Viridarium, dessen Sand unter ihren Sandalen knirschte. Sie sahen den Kranken auf seinem Polster ausgestreckt, so daß das weiße Haupthaar mit dem Epheukranze ihnen zugekehrt war. Still schlich Timotheus ihm näher und beugte sich vorsichtig über ihn hinab. Plötzlich aber stieß er ein wildes Klagegeheul aus. „O, ihr Götter des Hades," rief er. „Er ist todt, todt!" Schreiend, klagend, das Haar raufend, stürzten nun auch die Anderen zum Lager und faßten den todten Herrn an den Händen. Sophia netzte ihm das Haupt mit Wasser, Theodora brachte Wein, um ihm diesen einzuflößen. Aber es war Alles vergeblich. Vincius war todt und blieb es. Während die Anderen aufs Neue wilde Klagerufe zum Himmel emporschickten, so daß das Haus widerhallte von dem gellenden Geschrei, lehnte Timotheus gebrochen an einem Pfeiler des Peristyls. „Ich erkenne euch, rächende Götter," sprach er leise. „Ohne das Märchen von dem Pferde, das ich ihm aufband, wären die Söhne zur Stelle gewesen und sein Odem hätte noch gereicht, das lösende Wort zu sprechen. An meiner Lüge gehen wir zu Grunde. O Zeus, allwissendes Auge der Welt, wie strafst Du streng, Du vergeltender Dämon!"

Die nächsten Tage brachte Timotheus in starrem Brüten über seine gescheiterten Hoffnungen hin. „Mein

Lebensschifflein neigt sich zur Seite," dachte er.
„Bereits füllt die Woge den Boden des Kahns, und
von dem zerbrochenen Maste hängen die zerrissenen
Segel in Fetzen. Aber hast Du denn je auf ein
anderes Ende der Fahrt gerechnet, Sklave? Mag ein
freundliches Geschick dem Knechte vergönnen, eine
Weile sich des Familienlebens zu freuen gleich dem
Freien, am Ende reißen sie uns doch immer auseinander!" Schwermüthig nickte er mit dem grauen
Haupte. Er mußte ja noch froh sein, daß der schlimme
Tag so lange gezögert hatte. Seine Kinder waren
doch wenigstens gereift und mochten nun sehen, mit
welchen Mitteln sie die Gunst ihrer neuen Herren
erkaufen würden. Was wollte eine solche Trennung
heißen gegen andere, die er erlebt, bei denen man
zarte Kinder ihren verzweifelten Müttern entrissen
oder hülflose Greisinnen an rohe Bauern verkauft
hatte. Fast mußte er sich schelten, wenn er es hart
fand, daß Sophia und er auf ihre alten Tage scheiden
sollten. Kannte er doch das Loos seiner eigenen
Vorfahren! Hatte etwa ihnen eine liebende Hand
die Augen zugedrückt, als sie starben? Seinen Vater
hatte der Prätor foltern und kreuzigen lassen, weil
er für die Verschwörung des Pansa Botengänge gemacht hatte. Hätte er diesen Dienst verweigert, so
hätte freilich sein Herr die Muränen im Fischteiche
mit seinen Gliedern gefüttert. Der Prätor erkannte
das an, aber kreuzigen ließ er ihn doch. Er war
ja nur ein Sklave, und es geschah wegen des Beispiels.

Auch sein Großvater war gekreuzigt worden, weil einer
der Sklaven den gemeinsamen Herrn ermordet hatte
und sich dann der Strafe durch Flucht entzog. Natür=
lich mußten da die Anderen büßen. Mit ihrem
Schicksal verglichen, war sein Loos bis jetzt ein be=
neidenswerthes gewesen, und warum sollte sein Glück
ihm nicht treu bleiben? Alles kam darauf an, an
wen ihn Scipio verkaufte? Die Trennung von seinem
Weibe blieb ihm freilich ein herber Schmerz, allein
er wußte zum Voraus, daß nur das Leid nicht zu
überwinden sei, das sich am eigenen Leibe täglich er=
neuert. Aehnlich schienen Söhne und Tochter zu
empfinden, die in Erwartung der unvermeidlichen
Trennung schon jetzt ihre eigenen Wege gingen. Die
schöne Theodora saß oft Stunden lang ruhig im
Viridarium, legte die Hände in den Schoß und schien
von einer glänzenden Zukunft zu träumen, denn sie
war offenbar der Meinung, daß sie in der Hauptsache
gewonnen habe, indem sie aus dem Besitze des welken
Greises in die Hände eines feurigen Soldaten über=
gegangen sei, und sie traute sich zu, für ihre Mutter
wenigstens ein freundliches Loos zu erwirken.

In so getheilter Stimmung fand der Begräbniß=
tag die Sklavenfamilie, als die Nachbarn aus den
Villen und die Fischer vom Strande sich versammelten,
um der sterblichen Hülle des reichen Mucius die letzte
Ehre zu erweisen. Da der neue Herr Timotheus
geboten hatte, in der Villa zurückzubleiben, sah dieser
vom flachen Dache aus zu, wie der Leichenzug sich

entwickelte. Die üblichen Leichenordner und schwarz ge=
kleidete Lictoren eröffneten den Zug. Ihnen folgten zehn
Flötenbläser, deren Trauermarsch dem betrübten Sklaven
schmerzlich durch die Seele schnitt. Gedungene Klage=
frauen stießen ihr Zetergeschrei aus. Ein Mime, in
der treu nachgebildeten Maske des Verstorbenen, schritt
in purpurgestreifter Toga, am Stocke gestützt, wie
man Mucius in den letzten Jahren gesehen, in
würdigem Abstande hinter ihnen her; aber während
die zuschauende Menge pries, wie treu die Maske die
Züge und ihr Träger die Haltung des wohlbekannten
Greises wiedergab, wendete Timotheus schmerzlich das
Haupt. Ihn verletzte es, den von einem Schauspieler
nachgeäfft zu sehen, um den seine Seele trauerte.
An den Einen schlossen andere Histrionen sich an,
welche die Bilder von Mucius' Ahnen in langer
Reihe vergegenwärtigten. Dann folgte ein Wagen,
geschmückt mit Trophäen, die der verdiente Mann in
seinen Feldzügen erbeutet hatte. Mit gesenkten Fasceen
schritten Lictoren neben demselben. Endlich aber er=
schien, umdampft von Räucherpfannen, die Todten=
bahre und auf derselben die Leiche selbst, etwas auf=
gerichtet über einem Polster, das mit verschwenderischer
Pracht ausgestattet war. Das Paradebett wurde
durch geringe Leute getragen, deren Patronus der
Verstorbene gewesen. Nun erst folgten in grauen
und schwarzen Trauergewändern die Verwandten und
Freunde und die große Schar Derer, die, dem Herolds=
rufe gehorchend, dem Zuge sich anschlossen. So be=

wegte der Conduct sich nach dem Strande hinunter, wo Scipio die Rede auf den Hingeschiedenen halten sollte, um ihn dann, wie der Geschiedene angeordnet, unverbrannt in der Gruft, die er sich gebaut, beizusetzen.

Während diese Dinge sich abspielten, saß Timo= theus traurig auf dem flachen Dache der Villa und schaute hinunter nach dem Strande, wo die Schar der Leidtragenden und Neugierigen das thurmartige Grab= mal umgab. Die blaue See dahinter war still und dunkel, und selbst die Rauchwolke des Vesuv, die sich schwer herabsenkte, dem Meere zu, schien die Trauer zu theilen, die durch das Herz des alten Sklaven zog. „Auch ein glückliches Sklavenloos, wie es mir ge= fallen,“ seufzte Timotheus, „endet schließlich in Trauer. Wer nicht auf sich steht, steht überhaupt nicht. Nie kann er wissen, wann er zur Erde geschleudert wird! Darum nenne ich die Knechtschaft der Uebel größtes. So oft sah ich die Sonne drüben hinter den Inseln im Purpur versinken und fühlte den Abendwind frischer von der See herüberwehen nach unseren Gärten, aber noch nie war mir der Farben Spiel und der Lüfte Kühlung so widrig wie heute.“

Einige Stunden später, als der Abend bereits hereingebrochen war, kam der neue Herr mit den beiden nächsten Anwohnern seines Erbes in die Villa, um zum ersten Male hier seine Mahlzeit einzunehmen. Er selbst machte auch in der Toga den Eindruck eines tapferen Soldaten. Sein Gesicht war von den Feld= zügen im Orient gebräunt, und die energische Römer=

naje, die funkelnden dunkeln Augen, das stark hervor=
springende Kinn deuteten auf einen festen Charakter.
Mit ihm kamen die zwei nächsten Nachbarn, Marcus
und Pollio. Der Erstere, ein hagerer, hoch auf=
geschossener Grieche, dessen Alter schwer zu bestimmen
war, galt für einen Wucherer und Geizhals. Dennoch
weilte er viel in den Tempeln und hatte die Weihen
zahlreicher Mysterien empfangen. War er als Provin=
ziale nur durch sein Geld bedeutend und durch seinen
Einfluß bei den Priestercollegien, so that sich dagegen
Pollio viel auf sein altes Geschlecht zu gute und
sprach gern von der großen Rolle, die er im Senate,
nicht als Redner, wohl aber als Unterhändler und
Vermittler spiele.

„Ich muß gestehen," sagte Marcus, indem er mit
sachkundigem Blicke den Werth der Villa und ihrer
Einrichtung abschätzte, „daß unserem Scipio da ein
unvergleichlicher Besitz zufiel. Es gibt an unserer
Küste größere Paläste, aber schwerlich einen, der so
wohnlich und so geschmackvoll ausgestattet wäre. Ich
glaube, Pollio, unsere Grundstücke zusammen brächten
nicht den Preis, der für das des Mucius erzielt werden
wird, falls Scipio sein neues Erbe verkaufen sollte."

„Nehmet Platz, ihr Herren," sagte Scipio, indem
er mit der Hand nach dem Speisezimmer deutete, wo
um einen Tisch drei Polster aufgestellt waren. Die
drei Genossen folgten der Einladung, und auf ein
Zeichen, das der die Bedienung leitende Timotheus
gab, brachten Alexander und Lucian silberne Becken

mit wohlriechendem Wasser und weichen purpurgerän=
derten Tüchern, worauf die Gäste ihre Hände wuschen,
während Timotheus in gleicher Weise dem Herrn die
Schale hielt.

„Ich will Unglück haben im Würfelspiel," sagte
Marcus, „wenn ich je schönere Becken und feinere
Tücher gebraucht habe."

„Ja," erwiderte Scipio trocken, „Mucius liebte
die Pracht. Ich glaube aber, daß ich den ganzen
Kram verkaufen werde. Was soll ein Soldat mit
diesen persischen Apparaten? Ich liebe es, meinen
Falerner ohne viele Umstände hinabzugießen."

„Da muß ich vorsichtig sein im Loben," erwiderte
Marcus, „damit ich mir die Preise nicht selbst ver=
theuere, denn unter den Käufern wirst Du auch mich
finden."

„Sei uns günstig, o Bacchus!" sagte der alte
Pollio, indem er sich gegen eine Statuette des Gottes
verneigte, die auf dem Tische stand und dann den
Weinbecher ergriff, den Alexander ihm darreichte.
Marcus folgte seinem Beispiel, indem er unter tiefer
Reverenz einen Tropfen seines Weines gegen das
Idol sprengte.

„Immer der Gottesfürchtige," spottete Scipio.
„Doch halte es Jeder wie er will. Ich meinerseits
vertraue auf nichts als auf meine eigenen Augen und
mein gutes Schwert."

„Meine Trauben sollen sauer werden," sagte Mar=
cus ablenkend, „wenn dieser Falerner nicht der schönste

ist, den ich jemals getrunken habe. Ihn darf ich wohl
loben, denn die Weinvorräthe wird Scipio schwerlich
veräußern wollen."

„So thöricht wird meines Vaters Sohn nicht
sein," entgegnete Scipio. „Alles kann man wieder
ersetzen, nur nicht alte Weine."

„Und wie hälst Du es mit dem lebendigen In=
ventar?" forschte Pollio, indem er, ohne auf Timo=
theus zu achten, mit dem Daumen nach dem jungen
Alexander deutete, der eben die Schüsseln hinaus=
trug.

„Kommt Zeit, kommt Rath," erwiderte Scipio.
„Erst will ich die Leute mir näher besehen. Viel=
leicht schlage ich drüben Etliche los und Einige hier,
denn Alle kann ich natürlich nicht behalten. Mit Aus=
nahme der Familie dieses Alten habe ich die Leute
des Mucius einstweilen in meine Weinberge genommen,
wo es heuer an Arbeitern fehlt. Verkaufe ich die
Villa, so kommen natürlich auch sie unter den Hammer."

Mit innerem Grimme vernahm Timotheus diese
herzlosen Worte. „Die Frevler prassen," dachte er,
„indessen ich elend und nackt gleich einem Schlacht=
thier zu Markte gebracht werde. Wird denn kein
vergeltender Dämon aufsteigen, die Armen zu rächen?"

Inzwischen hatten die Knaben Austern und einen
neuen Wein herumgegeben, und nachdem der bleiche
Marcus die seinen gierig ausgeschlürft hatte, begann
er aufs Neue: „Nur Eines sage mir mein tapferer
Scipio, wie kommt es, daß der sonst so wunderliche

Mucius sein großes Vermögen ruhig den Erbgang gehen ließ? Wir wußten Alle, daß er Dich eher hasse als liebe; warum machte er kein Testament zu Gunsten seiner Freunde?"

„Du denkst," spottete Pollio, „der Alte hätte so trefflichen Nachbarn wie uns doch auch ein paar Rebberge zuwenden können zur Abrundung unserer Güter?"

„O, daran hätte er ganz wohlgethan," lachte der Hagere, indem er den großen Mund häßlich verzog. „Zunächst aber interessirt mich die Frage als Psycho=log. Man macht doch sonst nicht seine Feinde zu seinen Erben?"

„Das hängt mit gewissen Geschichten zusammen," sagte Scipio mit einem eigenthümlichen Lächeln.

„Spanne uns nicht auf die Folter, Freund," er=widerte Pollio, indem er von dem weichen Lamm=fleische auf seinen Teller häufte, das Lucian ihm an=bot. „Der Braten schmeckt mir nicht, wenn man mir den Becher des Geheimnisses an die Lippen hält, ohne meinen Durst zu löschen."

Der Wirth machte ein Zeichen nach dem jungen Sklaven hin. Als Lucian aber das Speisezimmer verlassen hatte, sagte er leise: „Ich habe die Liste der Mitverschworenen des Pansa und alle ihre ge=heimen Aufzeichnungen." Die zwei Gäste fuhren mit einem Rufe des Schreckens vom Polster empor. Scipio lächelte aufs Neue in sich hinein. „Dieses geheime Archiv," fuhr er fort, „zeigte ich ihm und versprach

dabei, ihn nie zu belästigen, falls er in mein Erb=
recht nicht eingreife. Mache er ein Testament, so
werde ich es erfahren, denn er stehe unter guter Auf=
sicht; aber selbst wenn er mich täusche, solle meine
Rache auf seine Gesellen niederfallen, unter denen er
Freunde hatte, für die er zärtlich besorgt war."

Die beiden Anderen waren ganz still geworden
und beschäftigten sich eifrig mit ihrem Lammfleisch,
doch schien ihnen der Bissen im Halse zu quellen,
denn sie schütteten reichlich Wein den Speisen nach,
um sie hinabzuwürgen. So leise Scipio gesprochen
hatte, dennoch war Timotheus kein Wort entgangen.
Zur Hälfte kannte er ja das Geheimniß schon aus
Mucius' eigenem Munde. Das also war der Grund,
warum der Alte nie wagte, das Vermächtniß zu
machen, von dem er doch stets redete. Ein grimmer
Zorn gegen den neuen Herrn überfiel ihn, der mit
seiner schnöden Drohung den schwachen Greis ge=
hindert hatte, ihm und den Seinen die Freiheit zu
gewähren. „Ich will Dir es gedenken," ging es durch
seine rachedürstende Sklavenseele. Das Schweigen in
der Stube wurde endlich peinlich, und als Timotheus
den bleichen Marcus ansah, erschrak er fast vor dem
Ausdruck verhaltener Wuth, mit dem dieser seinen
Lammbraten in kleine Stücke zersetzte. „Dumm war
es doch von dem Tapferen, so zu drohen," dachte er
bei diesem Anblick. „Marcus ist nicht Mucius. Sieh'
Dich vor, Scipio, dieser magere Wolf könnte den Arm
zerfleischen, der ihn an der Kette hält."

„Ich habe euch den Appetit verdorben, meine treff=
lichen Freunde!" sagte Scipio endlich, „aber Ihr
ängstigt euch ohne Noth. Mucius hatte nicht den
geringsten Schaden von dem köstlichen Schatz, den ich
sicher geborgen habe, und ich hatte den Vortheil, daß
er meine Interessen noch sorglicher wahrnahm als
die seinen. Also auf dieselbe herzliche Nachbarschaft!
Ich bin ein gerader Soldat, und so wißt nun auch
Ihr, woran Ihr mit mir seid. Nochmals rufe ich:
Auf angenehme Nachbarschaft!" Er trank ihnen zu,
und sie thaten ihm schweigend Bescheid. Marcus ver=
suchte auch zu lächeln, aber sein mageres Gesicht glich
dabei einem Todtenschädel. „Eine verfluchte Fratze,"
dachte nun auch Scipio. „Vielleicht war es doch
unklug, ihm zu drohen." Dann sagte er laut: „Aber
ich bin ein schlechter Wirth, meine Gäste mit Staats=
geheimnissen zu unterhalten. Sie stören unserem
Senator seinen guten Humor; das ist mir leid. Timo=
theus, reiche Du uns die gebratenen Vögel und die
Früchte, die Knaben aber sollen die Flöte spielen und
die schöne Theodora mag dazu die Zither schlagen."
Timotheus zögerte. Als ihm aber Scipio einen
scharfen Blick zuwarf, verbeugte er sich in Demuth
und ging, um Theodora zu bestellen. „In einem
Hause, in dem der Tod eingekehrt ist, aus dem sie
den Herrn vor wenig Stunden weggetragen, soll meine
Tochter die Zither schlagen," klagte er. „Werden sie
ihn nicht aufstören aus seinem kaum geschlossenen
Grabe, wenn er hört, wie Flötenton und Zitherklang

herüberschallt zu seiner Ruhestätte?" Mit diesen
Worten entsendete er Lucian nach der Schwester.
Doch die schöne Theodora war gern bereit, sich zur
Schau zu stellen. Zwischen ihren Brüdern erschien
sie, gekleidet in das lange, dünne Gewand der Tänze=
rinnen, die Zither im linken Arm und an den Knöcheln
rothe Ketten mit Castagnetten. Zum hellen Schall
der Flöten spielte sie eine fröhliche Weise, die sie mit
einem halb gesprochenen, halb gesungenen Liede be=
gleitete. Timotheus reichte inzwischen neue Becher
herum, und die gute Stimmung schien der verstörten
Gesellschaft beim Klange der Flöten wiederzukehren.
Nach dem Takte der Musik bewegte der alte Pollio
seine Gabel, und sein Gesicht glühte von dem ge=
nossenen Weine, mit dem er seine Aufregung und
seine Sorge hatte niederkämpfen wollen. Die schöne
Theodora aber legte ihre Lyra zur Seite und begann
zu tanzen. Zierlich und langsam bewegte sie sich
wenige Schritte rückwärts und vorwärts. Rasselnd
rührte sie dabei die hölzernen Klappern, mit denen
sie den Takt der Flötenbläser begleitete; bald sank sie
zusammen in die Kniee und ließ ihr reiches Haar
und das blühende Köpfchen bewundern, bald warf sie
sich rückwärts, gleich der Bacchantin, die an der ziegel=
rothen Wand hinter ihr von Meisterhand gemalt war.
Schließlich drehte sie sich in wildem Wirbel um sich
und verschwand dann rasch durch die Thüre.

„Eu, eu!" rief Marcus, auf dessen fahlen Wangen
zum ersten Male ein röthlicher Schimmer zu sehen war.

„Herrlich, wundervoll!" sagte Pollio.

Scipio aber sah mit einem verlangenden Blicke der Entschwundenen nach, die nun sein Eigenthum war.

„Diese Sklavin ist eine ganze Villa werth!" rief Marcus aus, indem er sich mit seiner knöchernen Hand über den rundgeschorenen Kopf fuhr.

„Er bleibt sich immer gleich!" erwiderte Scipio. „Schließlich taxirt er mir auch noch den Werth meiner Aussicht auf Capreä und Nesis nach Sesterzen und Assen."

„Ich spreche in vollem Ernste," sagte Marcus, indem er seine langen, spinnenartigen Hände ineinander verschränkte. „Du kennst meine Meierei zum Granat=apfel; ich setze sie gegen Deine Tänzerin. Wir wollen um sie würfeln."

„Thorheit," erwiderte Scipio. „Ich würfle nicht um meine Leute."

„So," sagte der Andere spöttisch; „aber im Würfel=spiel des Krieges, wie ihr Soldaten sagt, hast Du da niemals um Menschen gespielt?"

„Du bist ein Sophist," entgegnete Scipio. „Aber ich sehe, Du willst würfeln. Ein schlechter Wirth, der seinen Gästen nicht den Willen thut. Keine Speisen mehr, Timotheus! Räume das weg. Wein stelle auf und bringe die Würfel. Zünde aber den großen Leuchter an, daß wir auch sehen, was wir werfen, denn es dämmert." Damit sprang er auf und ging nach dem Peristyl, wohin ihm Pollio folgte. Timotheus brachte den Mischkrug, um den Wein zu

bereiten; aber Marcus schob ihn zur Seite. „Ich
bin Symposiarch), Sklave," sagte er, „ich will selbst
meines Amtes warten." Alsbald fing er an, den
dicken rothen Massiker mit lauem Wasser zu mischen.
Mehrmals probirte er und griff mit seinen spinnen=
artigen Armen hier hin und dort hin. Timotheus
fiel auf, daß er den Platz wechsle und ihm den
Rücken zukehre, so daß der Sklave nicht sehen konnte,
was er trieb. Doch war es diesem, als lasse Marcus
Etwas in dem Bausche seiner Toga verschwinden.
Erst als die beiden Anderen eintraten, schenkte
er alle Becher in deren Gegenwart voll. „Er hat
Etwas vor," sagte sich der alte Sklave. „Soll
ich den neuen Herrn warnen? Aber Scipio verkauft
uns ja," zürnte er dann, „verkauft uns Alle, Theodora
nur etwas später als uns Anderen. Hörte ich es
doch mit eigenen Ohren. Selbst seine Hartherzigkeit
vor mir noch eine Weile zu bergen, war ihm nicht
der Mühe werth. Was geht der Herr von heute
mich an, wenn ich nicht weiß, wer der Herr des
Morgen sein wird? Mögen sie ihre Fehden unter
einander ausmachen. Was brauchte der Thor diesem
Scorpion mit der Verschwörung des Pansa zu drohen!
Dieselbe Drohung war es, durch die er uns in Sklaven=
ketten fest hielt. Möge er verderben." So preßte
der alte Diener die Lippen fest zusammen und schwieg,
ja er empfand eine grimmige Freude, daß die Drohung,
durch die Scipio ihr Glück verhindert, nun ihm selbst
zum Verderben gereiche. Als er sah, wie dieser den

Becher ergriff, um den Trank zu prüfen, wendete er sich dem Candelaber in der Ecke zu, den er entflammte und mit dessen Docht sich seine zitternden Hände noch eine Weile zu schaffen machten. Inzwischen brachte Lucian den Würfelbecher und stellte sich dann bescheiden neben den Bruder in das dunkle Nebengemach, wo sie warteten, ob man ihrer Dienste bedürfe.

„Bene vobis," sagte der Wirth und trank seinen Gästen zu. Pollio dankte und trank, während Marcus eifrig die Würfelbecher schüttelte. „Um was würfeln wir?" fragte er.

„Harpagon!" erwiderte Scipio. „Eilt es Dir so, mich wieder zu plündern?"

„Wer nach dem dritten Wurf die meisten Augen hat, gewinnt eine Mine," schlug Marcus vor.

„Ich bin dabei!" sagte Scipio und nahm den Würfelbecher, den ihm sein hagerer Partner zuschob. „Sieh' da, Pollio ist eingenickt," scherzte er dabei. „Kein Wunder, er kann kein volles Glas vor sich sehen und hat das seine schon wieder ausgetrunken." Lachend schüttelte er die Würfel und rief: „Nun sei mir gnädig, holde Venus."

Er warf und zählte die Augen. „Nur sechs, das ist wenig."

Marcus nahm die Würfel, einen nach dem anderen vom Tische und steckte sie bedächtig einen nach dem anderen in den Becher, den er in seinem Schoße hielt. Dann warf er.

„Achtzehn," rief Scipio betroffen. „Was Venus
nur an Dir liebt, mein magerer Marcus? Ihr bauest
Du doch sicher keine Tempel?"

Damit stürzte er seinen Wein zornig hinab. Als
er das Glas wieder füllte, sah er, daß Marcus gar
nicht getrunken hatte.

„Du fastest?" sagte er spöttisch.

„So lange ich würfle, trinke ich keinen Tropfen,"
erwiderte Marcus. „Dionysos und Tyche waren nie=
mals gute Freunde. Doch fahren wir fort."

„Fahren wir fort," wiederholte Scipio lallend,
indem seine Augen gläsern wurden. Das Spiel ward
erneuert. Scipio warf zwölf, Marcus fünfzehn. Als
der dritte Wurf gethan war, hatte Scipio seine Mine
verloren. Marcus schob ihm ein Wachstäfelchen hin,
auf das er seine Schuld eintragen mußte. „Auch
das führst Du bei Dir," sagte Scipio höhnisch. „In der
That, Du bist die eiserne Zange, wie sie Dich
nennen."

„Ich schulde Dir Ersatz," sagte Marcus gleich=
müthig. „Würfeln wir um zwei Minen, so kannst
Du Alles einbringen."

„Meinethalben," lachte Scipio und griff nach den
Würfeln. Zweimal hatte er einen kleinen Vorsprung.
Das dritte Mal warf Marcus fünfzehn und gewann
so die dritte Mine.

„Ich spiele nicht weiter," sagte Scipio, indem er
seine neue Schuld gebucht hatte. „Du brächtest mich
um Haus und Hof."

„Ich komme nicht gern mit dem Gelde meines Wirthes nach Hause," erwiderte der Andere treuherzig. „Dein Alexander gefällt mir. Mehr als eine Mine ist er nicht werth. Ich aber setze Deinen ganzen Verlust gegen diesen Burschen."

„Meinethalben," gab Scipio zurück. „Ihn habe ich minder nöthig als meine drei Minen." Und sie begannen aufs Neue zu würfeln, während von der Thüre angstvolle Blicke nach den geworfenen Augen schielten. „Er vertauscht die Würfel," flüsterte Lucian dem Bruder zu. „Siehst Du, wie er die Hand geballt hat?" Alexander zitterte nur. Mit brennenden Augen schaute er nach dem Tische, auf dem über seine Zukunft gewürfelt wurde. „Wieder verloren," schrie Scipio grimmig. Und er schrieb einen neuen Vermerk in die Tafel des Marcus. „So spielen wir um Lucian," fuhr der hagere Versucher fort. Alexander wollte seinem Bruder die Hand drücken. „Dann blieben wir ja beisammen," flüsterte er; aber der Knabe war im Dunkel verschwunden. Eine Weile darauf sah er ihn am Brunnen des Viridarium stehen, wo er seine Hände in dem kalten Wasser kühlte. „Lucian ist unwohl," dachte er. War doch auch er selbst einer Ohnmacht nahe.

Dreimal wanderte drinnen der Würfelbecher herüber und hinüber zwischen dem trunkenen Scipio, dessen Antlitz wie im Fieber glühte, zu dem bleichen Marcus, der nun völlig einem Todtenkopfe glich. Zweimal gewann Scipio. Zum dritten Male aber

ergriff Marcus den Becher; er schüttelte ihn auffallend
lange und hielt ihn dann, um sich an Scipio's Angst
zu weiden, verdeckt auf dem Tische. Da plötzlich legte
sich eine kalte Hand auf die seine und als er auf=
blickte, fiel er mit einem Schrei in sein Polster zurück.
Vor ihm stand der gestorbene Mucius. Stumm, mit
erhobener Rechten, hielt die Truggestalt Stand. Selbst
der tapfere Scipio erbleichte. „Wehe uns, daß wir
tanzten in dem Hause, das er erst heute verließ," er=
tönte eine Stimme aus dem Hintergrunde. „Euere
Flöten haben ihn herübergelockt aus seinem Grabmal."
Der abergläubische Marcus ächzte und wand sich,
während Scipio sich aufraffte, um dem Spuk zu Leibe
zu gehen. Aber in demselben Augenblicke verlöschte
die Flamme des Leuchters, und in dem ungewissen
Scheine, der von draußen hereinfiel, sah man nur
noch die dämmernde Gestalt des Gespenstes, die sich
drohend über den zitternden Marcus beugte.

„Die Larven gehen um," fluchte Scipio und wich
zurück. Die eiserne Hand des wiedergekehrten Mucius
ergriff nun auch die zitternde Linke des Marcus, die
dieser festgeschlossen hielt. Sie schienen mit einander zu
ringen. Aber die Kraft des falschen Spielers war
gelähmt. „Gnade," wimmerte er kläglich, „noch
kann ich Alles wieder gut machen." Nun lief
auch Scipio ein Frösteln über den Rücken. Die
Sklaven schwiegen, und der schlafende Pollio fing
an zu röcheln und zu zucken, als ob er in Todes=
krämpfen läge.

Das Gespenst hatte sich inzwischen der Würfel bemächtigt, und nun ertönte eine fröhliche Stimme: „Vater, mache wieder hell! Der Betrüger ist überführt!"

Auch Timotheus war zuerst heftig erschrocken, als er in düstere Gedanken verloren und bedrückt von der Mitwissenschaft des Verbrechens, das sich vor seinen Augen begab und das er nicht verhinderte, plötzlich unter der Thüre die Gestalt seines gestorbenen Herrn erblickte. Einen Augenblick meinte er sich zu täuschen, aber die Erscheinung wollte nicht weichen, obwohl er den Daumen einschlug und ein Stoßgebet murmelte. Greifbar deutlich stand sie dort und schaute unverwandt nach den Händen des hageren Marcus. Da gewahrte Timotheus unter dem Gewande der Truggestalt die ihm wohlbekannten rothen Sandalen seines Lucian, die verrätherisch unter der grauen Toga hervorglänzten. Alsbald ward ihm die ganze Erscheinung klar. Der kecke Knabe hatte sich zu seinem Spuke der Maske und Kleidung des Mimen bedient, der heute bei dem Trauerzuge den todten Mucius so geschickt nachgeahmt hatte, und indem er humpelnden Schrittes auf den Tisch zuschritt, blieb er in nichts hinter seinem Vorbilde zurück. Sobald Timotheus begriffen, was sein schlauer Knabe beabsichtige, verdunkelte er im rechten Augenblicke die Flamme und unterstützte so aufs Beste die gespenstische Wirkung. Eigentlich wollte er dadurch nur seinem Sohne den Rückzug erleichtern, ehe Scipio sich auf ihn werfe; Lucian aber nahm, nachdem Timotheus den Deckel

von der Lampe wieder entfernt hatte, weil es der
Knabe so gebot, die Maske ab, und während er
Marcus noch immer mit dem Arme vom Tische fern-
hielt, rief er: „Er hat Dich betrogen, Herr, sieh' hier
den falschen Würfel!"

Die Stube war wieder hell. Marcus lag, seiner
Glieder nicht mächtig, in seinen Kissen. Scipio lachte
stumpf. Er nahm den vierten Würfel und spielte mit
ihm. Bei jedem Wurfe zeigte er sechs. Aber die
Entdeckung schien ihm keinen rechten Eindruck zu
machen. Seine Bewegungen waren müde. Da be-
griff Timotheus die Sachlage. „Auch vergiftet hat
er Dich," rief er dem Trunkenen zu. „Ich sah, wie
er Etwas in den Mischkrug goß."

Langsam wälzte Scipio seine stieren Augen nach
Marcus hinüber. Dann schien er plötzlich zu begreifen.
Er erhob sich schwer mit seinem mächtigen Körper
und faßte den dürren Giftmischer an den Schultern.
„Trinke!" sagte er, indem er auf den unberührten
Becher deutete.

Marcus zögerte.

„Trinke!" donnerte Scipio nochmals „oder ich
erwürge Dich." Da zuckte der Magere mit seinen
Schultern und trank den Becher aus. Scipio schaute
ihn verwundert an.

„Du siehst, daß Deine Sklaven lügen," krächzte
Marcus.

„Er hat vorher ein Gegengift genommen," rief
Timotheus. „Siehe, Pollio ist schon todt." Als die

Blicke der Versammelten nach dem zurückliegenden
Polster schauten, sahen sie auf demselben den Schläfer
von vorher als starre Leiche, mit fahlem Antlitz.
Noch einmal raffte Scipio sich auf. „Gerechte Götter,"
rief er, während ihn selbst bereits Todesschauer
schüttelten. Marcus wollte den Augenblick des
Schreckens benützen, um zu entweichen; aber die beiden
Knaben hielten den sich Sträubenden fest. In dem
Ringen entfiel das Wachstäfelchen seiner Toga, und
Lucian zerstampfte es an der Erde, um die Schuld=
urkunde zu vernichten.

„Bindet ihn!" rief Scipio, der bleicher und bleicher
wurde, „und führt ihn, falls ich sterbe, zum Richter."
Dann setzte er sich nieder, denn die Beine wurden
ihm schwer. Die beiden jungen Sklaven aber fesselten
den drohenden und fluchenden Giftmischer mit den
Gürteln, die sie von ihrer Tunica lösten, und führten
den Scheltenden hinaus, um ihn im Sklavenkerker
zu bergen, der keiner Villa fehlte. Als sie zurück=
kamen, fanden sie Timotheus starr zwischen zwei
Leichen, die er mit finsterer Miene betrachtete.

Pollio lag mit bläulichem Angesichte auf seinem
Polster, und seine Augen waren weit aus dem Kopfe
gequollen, während Scipio, mit dem Haupte auf dem
Credenztische, einem Schlafenden glich. Dem jungen
Sklaven schauderte. Er bedeckte die Leichen mit ihrer
eigenen Toga und murmelte ein Gebet; als er aber
nach dem Vater aufblickte, erschrak er aufs Neue.
„Was ist Dir?" rief er entsetzt. „Hast auch Du von

dem tödtlichen Tranke genossen oder ängstest Du Dich
wegen des Ausganges? Wird man uns beschuldigen?"
Timotheus aber starrte noch immer, als ob er die
Meduse gesehen hätte, ins Leere. Dann brach er in
die Worte des Sklaven bei Plautus aus: „Ich weiß
es, daß ein Kreuz mein harrt. Dort ruhen meine
Väter!"

„Laß es harren, mein Vater," rief Lucian ent=
schlossen. „In diesem Augenblicke sind wir die Herren
der Villa. Falls der Giftmischer sein eigen Gebräu
überlebt, können wir doch, bis er frei wird, in
Neapolis sein. Dort verbergen wir uns, bis wir ein
Schiff finden, das uns nach Afrika oder Hispanien
trägt. Also voran, Alexander, rüste den Wagen!
Vater, rufe die Frauen. Ich aber plündere die
Villa."

„Der Entschlossenste ist Führer in solcher Stunde,"
dachte Timotheus und ging, um Sophia das Vor=
gefallene zu berichten. „Bleiben wir," sagte er ihr,
als sie in Klagen ausbrach, „so wartet unser erst die
Folter, dann das Kreuz. Thue also, was die Knaben
rathen. Höre, Alexander schirrt schon die Rosse an.
Raffe Alles zusammen, was sich bergen und mit Vor=
theil verkaufen läßt. In einer Stunde müssen wir
fliehen, ehe der Dämon einen Verräther hierher führt.
Wie leicht können die Leute des Pollio oder Marcus
nach ihren Herren fragen, wenn sie finden, daß sie
zu lange in diesem gastlichen Hause weilen. Hu,
mich schauert, bis wir hinaus sind."

„O, Cybele, gnadenreiche Mutter," rief die alte
Frau, „wie kann ich fliehen! Meine Glieder sind
vom Schrecken wie gebrochen. Gleich am Morgen,
ein Zeichen schlimmer Vorbedeutung, strauchelte ich
über meine Schwelle. Nun ist das Unglück da."

Seines Weibes Klagen gaben Timotheus die
eigene Fassung zurück. „Jammere jetzt nicht," sagte
er streng. „Raffe zusammen, was wir brauchen
können und den Wagen nicht allzu sehr belastet.
Theodora kleide als vornehme Dame, die uns als
ihre Sklaven mit sich führt."

Als er gesehen, daß Sophia ihre nassen Augen
getrocknet hatte, ging er hinaus, um Alexander bei
dem Beladen des Wagens zu unterstützen. Als er
durch das Bilderzimmer ging, fand er Lucian über
der Geldkiste, die der muthige, listenkundige Knabe
aufgebrochen hatte, im Begriffe die Geldsäcke heraus-
zunehmen. „Schön, mein Lucian," sagte der Vater
billigend. „Die Schuldurkunden lasse hier, ihr Verschwinden würde nur den Nachbarn zu gute kommen.
Das baare Geld wollen wir zusammen nach dem
Wagen tragen. Mit diesem Golde, das der Greis
aufhäufte, sind wir geborgen. Sorge, daß die Frauen
uns nicht mit verrätherischen Dingen beschweren und
unnützen Ballast meiden."

Lucian legte die Beutel mit Silber in einen Korb,
den er dem Vater überlieferte. Den mit Gold aber
ließ er in die eigene Busentasche gleiten und ging
dann, Mutter und Schwester zu unterweisen. Als

Timotheus mit seinem Korbe in die Finsterniß hinaustrat, sah er einen sechssitzigen Wagen und vor demselben Alexander, der die feurigen Rosse beruhigte.
Nachdem er seinen Korb geborgen, nahm er auf der
vorderen Bank Platz und sagte Alexander, er solle
die Straße am Meeresrande hin fahren, doch nicht
allzu schnell, damit sie kein Aufsehen erregten. In
Puteoli, wo stets viele Fremde einkehrten, solle er
halten und die Pferde füttern. Dann könnten sie
noch immer vor Anbruch des Morgens in Neapolis
eintreffen, eine Wohnung miethen und den Wagen
abladen, den man dann am besten durch einen unbekannten Boten nach einem fernen Orte an eine er-
fundene Persönlichkeit schicke, da der Verkauf zu ge-
fährlich sei. „Der erfindungsreiche Lucian,“ tröstete
er sich, „wird das Alles schon ordnen. Aber sie
säumen,“ sagte er ungeduldig. „Wissen sie doch, was
uns bevorsteht, falls wir gefangen werden. Im Cir-
cus aufzutreten vor den wilden Thieren, dürfte doch
auch Theodora wenig gefallen, so gerne sie ihre
Schönheit zur Schau stellt.“ Endlich erschienen die
Frauen, jede einen hochbepackten Korb auf dem Kopfe.
Hinter ihnen trug Lucian eine Reihe von Kisten heraus und schloß dann sorglich die Thüre. Sobald
Alles aufgeladen und unter den Bänken und Decken
verborgen war, setzte sich Timotheus neben Alexander;
auf der zweiten Bank saßen die Frauen; auf der
dritten nahm rittlings Lucian Platz, um nach allen
Seiten spähen zu können, ob Gefahr in Sicht sei.

Frau Sophia zitterte an allen Gliedern und brach in ein krampfhaftes Schluchzen aus, während ihre Tochter sie vergeblich zu beruhigen suchte. Alexander schlug auf die Pferde, und in scharfem Trabe ging es hinaus auf die Straße, die ein Schimmer vom Meere her und der weiße Sand des Ufers genugsam beleuchteten. Schwermüthig blickte Timotheus zu den Sternen empor, den silbernen Rindern Apollo's, die Hesperus ihm hütete. Die alte Frau stöhnte zuweilen und verlangte nach Wasser. Alexander aber trieb die Pferde um so eifriger vorwärts, und der Wagen flog unaufhaltsam weiter. Bald aber wurde es Timotheus bei dem Stoßen des Wagens auf der gepflasterten Straße so unwohl, daß der Schweiß ihm ausbrach, und von der dunkeln See her kam ein kühler Wind, der ihm Frösteln erregte. Mühsam bekam er unter den Körben der Frauen eine Decke frei, in die er sich hüllte, um keiner Krankheit zur Beute zu fallen. Auch Lucian schien der kalte Luftzug nicht zu gefallen, und er öffnete einen Korb, den er in seiner Nähe geborgen hatte, und brachte eine Flasche zum Vorschein, die er geschickt entkorkte. Nachdem er daraus getrunken, reichte er sie der Mutter, die ruhiger wurde, nachdem sie einige kräftige Züge aus dem bauchigen Gefäße gethan hatte. Auch dem Vater stellte der edle bittersüße Trank vom Abhange des Vesuv die Kräfte wieder her, und nachdem der Knabe, der an Alles dachte, auch noch einen Korb mit Eßwaaren umhergereicht hatte, schien die Furcht der

Frauen sich zu mindern, und in festerer Stimmung
setzten sie ihre Reise fort.

„War es denn nöthig zu fliehen?" fragte Theo=
dora, die gewohnt war, ihren Kopf für sich zu haben.
„Wir hatten ja nichts verbrochen, was konnten sie
uns denn anhaben?"

„Mädchen," erwiderte der Vater ernst, „Du weißt
nicht, was Du redest. Vor den Richter hätte man
uns unter allen Umständen gezogen, und Marcus
hätte dann mich, den Tafelordner, des Giftmordes
beschuldigt. Dann wäre das Erste gewesen, daß der
Richter uns Alle der Folter unterworfen hätte. Wer
weiß, was Du Alles bekannt hättest, wenn sie Deinen
schönen Fuß in den Block spannten? Flehe zu den
Göttern, daß sie uns günstig geleiten; noch sind wir
nicht sicher vor den Fascen des Lictors und den
Bestien der Arena."

In diesem Augenblicke, als ob die Warnung das
Unheil herbeigezogen hätte, wurde Lucian auf seinem
Rücksitze unruhig. Er spähte in die Nacht hinaus
und befahl dann Alexander, er solle einen Augenblick
halten. Als die Pferde standen, hörte man in der
Ferne den hellen Hufschlag von Rossen. „Wir werden
verfolgt," sagte Lucian. Jetzt hörten auch die Anderen
Pferdegetrappel, das näher und näher kam. Es war
kein Zweifel, daß sie es waren, denen man nachsetzte.
Auch mußten die Verfolger sie bereits wahrgenommen
haben; denn deutlich hörten sie in der Ferne das
schreckliche „Halt, Halt!" Lucian aber rief: „Wir

haben keine Aussicht, zu entrinnen, wenn wir auf der Straße bleiben. Lenke also hinter die nächste Lorbeerhecke oder den ersten dunkelnden Vorsprung. Vielleicht jagen sie dann vorüber."

Zum Glück wendete sich der Weg gerade jetzt um eine scharfe Ecke. Einige schattige Kastanien mit dichtem Unterholze standen am Wege. Des Bruders Befehlen gehorsam, führte Alexander den Wagen auf diesen rasigen Grund, wo das Geräusch der Räder sich dämpfte und das Gebüsch schützend über ihnen sich ausbreitete. Jetzt kam der Hufschlag näher. Lucian sprang vom Wagen, duckte sich unter die Büsche und kroch hinüber an die Straße. Nach einer bangen Pause sprengte ein Trupp Reiter eilig vorüber. Der Weg zog sich hier fortwährend an der Felswand hin, so daß die Verfolger stets glaubten, hinter der nächsten Ecke den fliehenden Wagen erreichen zu müssen. „Sie sind vorbei," sagte jetzt Lucian, indem er aus den Büschen auftauchte. „Es waren Drei, an der Spitze der Lictor, der seit dem Todestage des Mucius das Haus umschleicht."

„Ach, wir Unglückseligen, was sollen wir thun?" jammerte Sophia.

„Stille sein," erwiderte Lucian schroff. „Setzen wir den Weg fort, so laufen wir ihnen unfehlbar in die Hände, denn bereits einige hundert Schritte von hier können sie den Weg abwärts übersehen und wenn sie keinen Wagen erblicken, kehren sie um. Wir warten also hier, bis sie zurückkehren. Sobald sie vorüber sind, fahren wir nach Puteoli weiter. Bei der alten Sabinerin lassen wir den Wagen und bergen die Sachen. Sie ist zuverlässig, falls man ihr ein Drittel der Waare opfert. Dann aber trennen wir uns. Wer kann und mag, findet mich morgen Abend am Eingange der Villa des Pollio zu Neapel."

Timotheus wollte dieser Trennung widersprechen, aber Lucian machte ihm ein Zeichen zu schweigen und deutete nach der Straße. Die Reiter kamen zurück.

„Sie müssen irgendwo versteckt sein," sagte der Lictor, „falls sie nicht vom Felsen stürzten und die Nacht des Avernus Rosse und Wagen verschlang." Timotheus stand der Herzschlag still, als er den Verfolger so reden hörte; aber die Reiter zogen ruhig ihre Straße.

„Dank Dir, Pallas." dachte der alte Sklave, „Du legtest ihnen die Binde vor die Augen. Nun sind wir gerettet." Die beiden Knaben sprangen nach dem Wege, um zu sehen, ob Alles sicher sei. Dann kehrte Alexander zurück und zog die Rosse vorsichtig aus den Büschen. „Wo ist Lucian?" fragte Timotheus.

„Erwarte ihn nicht," antwortete Alexander düster. „Er hat uns verlassen."

„O," rief der Vater bitter. „Also dazu steckte er den Beutel mit Gold zu sich. Sohn, Sohn, das also ist Dein Dank und Deine Liebe!"

Aber es war keine Zeit zu klagen. Alexander schlug auf die Pferde, und nachdem sie noch aufwärts um einige Felsnasen gefahren waren, rollte der Wagen lustig Puteoli entgegen. Auf einer Seitenstraße gelangten sie dann ohne weiteres Abenteuer, an dunkeln Gehöften vorbei, zu der Schenke der Sabinerin, und Alexander ging, um für die Pferde Sorge zu tragen. Auch Theodora sprang herab und half ihrer Mutter vom Wagen. Nach einer Weile erschien ein Sklave mit einer Laterne, um den Pferden eine volle Krippe und Wasser zu bringen. Dann wurde die Thüre geöffnet, und ein häßliches altes Weib kam zum Vorschein, das die Frauen zum Eintritt in die Schenke nöthigte. Bald sah Timotheus durch die offene Thüre, wie sie ein Feuer am Herde entflammte und sich in eifrige Verhandlungen mit Sophia und ihrer Tochter einließ. Als die Pferde ihre Krippe leer gefressen und die Wassereimer ausgetrunken hatten, knallte Alexander mit der Peitsche, und Timotheus rief in das Haus: „Kommt jetzt!“ Aber nur Sophia trat hervor.

„Trautester,“ begann sie verlegen, „wir haben uns überlegt, daß es am sichersten sei, des klugen Lucian Rath zu befolgen. Fahren wir weiter, so wird der Morgen uns überraschen. Schon lichtet es sich am östlichen Himmel. Darum ist es besser, wir Frauen bleiben. Ladet uns unsere Körbe ab und gib uns von dem Silber. Die treue Sabinerin wird uns nicht verrathen.“

Timotheus sah traurig in die Augen seines Weibes. Aber Alexander sagte: „Sie haben recht. Wir müssen uns trennen oder untergehen.“

„Theodora ist noch jung,“ entschuldigte die Mutter. „Zürne ihr nicht. Süß ist die Jugend und der Tod entsetzlich.“

„So lebet denn,“ rief Timotheus bitter. „Aber ich sorge, wenn sie am Abend sich niederlegt und der Schlaf die müden Glieder löst, dann naht sich ihrem Lager bluttriefenden Hauptes ein furchtbarer Drache, die Larve ihres Vaters, den sie kaltblütig verließ, als die Feinde nach ihm zielten.“

Sophia schluchzte. Aber Alexander hatte bereits die Körbe der Frauen auf die Erde gestellt und einen Sack mit Silber hinzugefügt.

„Auch meinen Sack mit dem Gelde begehre ich,“ ließ sich jetzt die Stimme der Tochter vernehmen, die nunmehr unter der Thüre zum Vorschein kam.

„Gehe zum Styx!“ rief Alexander, schwang sich auf den Sitz und trieb die Pferde zum Laufen. So fuhren die Beiden, Vater und Sohn, aufs Neue in die Nacht hinaus. Timotheus war es schwer ums Herz. Vergeblich suchte er sein Kind zu entschuldigen. Kalt, herzlos, gefallsüchtig war sie geworden in ihrem Sklavenleben. Wie hätte das auch anders sein sollen im Kampfe um die Gunst des Herrn. Aber er hatte geglaubt, daß sie an ihm so gut hänge wie an der Mutter. Oder hielt sie auch an dieser nur fest, weil sie sie brauchte? Er weigerte sich jedoch, das zu glauben. „Furcht um das Leben, Aufregung, Hunger und Durst stacheln sie jetzt,“ so entschuldigte er sie in seinem weichen Vaterherzen. „Ihre Selbstsucht

wird sich wieder beschwichtigen, wenn Ruhe und
Vernunft die Angst gestillt haben. Liebe verreist
wohl einmal, aber sie wandert nicht aus." Damit
tröstete er sich selbst, so gut er es vermochte, und
legte zärtlich dem treuen Alexander den Arm um den
Nacken, während sie auf der mit jedem Augenblicke
helleren Straße dahinfuhren. Noch lagen die Inseln
dunkel wie schwimmende Särge in dem stahlblauen
Meere. Da sprang ein Strahl im Osten empor, ein
Kranz von Strahlen. Rosig leuchteten die Eilande
Prochyta und Capreä auf, violett färbten sich die
Inseln Pithecusa und Nesis, die adelige, vornehm
gebogene Linie des Vesuvius kam über dem sinkenden
Nebel zum Vorschein, und tiefblau erglänzte der Golf
von Neapolis. Die Straße wand sich hart am Rande
des lichten Kalksteinfelsens empor, und Timotheus
sah unter sich die hellblaue Fluth und die weißen
Kämme der Brandung. „Groß bist Du, Poseidon,"
rief er, „und herrlich Dein Reich, und kühler ruhte
es sich in Deinem Schoße als in des Lorbeerhaines
Schattendunkel. Nur hier oben ist Hitze und Streit
und Leidenschaft, bei Dir ist Friede! Sie schelten
Dich treulos, Okeanos, und schmähen Deine Ungeheuer,
und doch las ich von Delphinen, die dankbar den
Sänger durch die Wellen trugen, in denen Menschen
ihn ertränken wollten, und von jenem Seevogel, der
gealtert und flugmüde von seinem Weibchen auf die
Flügel genommen wird, damit er nicht verderbe.
O, Sophia, o, Theodora, wie thatet ihr mir!"

Schmerzlich gedachte er der kühlen Trennung von
dem Kinde, das sein Augapfel gewesen war, und der
trauernden Gattin. „Ach," seufzte er, „Sophia, noch
immer fliegt mein thörichtes Herz Dir wie ein Vögel=
chen zu." In diesem Augenblicke erhob sich Alexander
von seinem Sitze und schaute rückwärts. „Sie kommen,"
sprach er erbleichend. „Ich kann den Wagen bergauf
nicht so rasch vorwärts treiben, als sie auf ihren Rossen
traben. Hier, Vater, nimm die Zügel." Mit diesen
Worten warf der Knabe dem Vater die Zügel zu,
griff unter die Bank und ließ die beiden letzten Beutel
in seinen Busen gleiten. Dann sprang er vom Wagen
und kletterte den Abhang empor, wo er bald in dem
dornigen Gesträuppe verschwand.

Timotheus sah ihm trübe nach. „Auch er," sagte
er schmerzlich. Traurig ließ er die Pferde vorwärts
gehen, wie sie mochten, und schaute mit stumpfem
Gleichmuth zurück, wie der Abstand zwischen ihm und
den Reitern mit jedem Augenblicke geringer wurde.
Das Leben schien ihm gleichgültig geworden zu sein,
seit er erkannt hatte, daß in dieser Welt der Ver=
folgten und Gehetzten keine Treue zu finden sei,
sondern Jeder nur auf sich selbst stehe. Dann erhob
er sich von seinem Sitze und schaute in die schwindelnde
Tiefe hinab. „Wäre ich da unten," seufzte er,"
„da würdest du schlafen, o Herz, schlafen würde der
ewige Lärm und all' das unermessene Leid!"

Als er zurückschaute, waren die drei Reiter ihm
wieder näher gekommen. Offenbar spornten sie ihre

Rosse. Sie suchten ihn. Und was bedeutete es, wenn sie ihn fingen? Er wußte es nur allzugut. „Es sind nicht mehr als Dreie," sagte er bitter. „Hätten die Knaben ausgeharrt, vielleicht hätten wir uns ihrer erwehrt. Aber sie sind Sklaven, und nicht wie Freie gelehrt, auf der Feinde Lanzen selbstvertrauend zuzuschreiten. Ich aber will auch allein mein Leben theuer verkaufen!" Er lenkte den Wagen um. „Lebendig sollen sie mich nicht greifen und mindestens Zweie mir folgen zum Avernus." Ruhig wartete er, bis die Verfolger die letzte Biegung des Weges nahezu erreicht hatten. Bereits hörte er das Keuchen ihrer abgetriebenen Rosse, während seine Pferde verschnauften. Dann, als nur noch eine schnurgerade Straße zwischen ihm und den Reitern lag, schwang er wüthend die Peitsche und pfeilschnell flog sein Wagen die steile Steigung abwärts. Die Räder schossen dahin und stießen an die Füße der Pferde, so daß diese in wahnsinnigen Sätzen ausgriffen. Die Reiter sahen das tolle Gespann sich entgegenjagen. Der Vorderste trieb sein Roß hart an den Felshang, um den Zusammenstoß zu vermeiden. Der Lictor wollte umwenden und so dem Wagen entfliehen. Da faßte ihn bereits die Deichsel des bergabschießenden Gespannes in die Seite. Timotheus sah, wie das Roß des Verhaßten zur Seite sprang und mit dem Reiter den Abhang hinabschlug. Aber ihm nach schossen seine eigenen Pferde über die Krümmung der Straße in den Abgrund. Ein Krachen, Wirbeln, Brausen

betäubte sein Ohr. Hart schlug er auf der Erde auf
und stieß sein Haupt auf dem festen Grunde und —
er erwachte.

VIII.

Als er um sich schaute, lag er wirklich und
wahrhaftig an der Erde. Meer, Felsen und Inseln
waren verschwunden, dagegen hing der wohlbe=
kannte Hollunderbusch mit seinen Blättern über ihm
und die Epheuranken knisterten unter der Last seines
Körpers. Jetzt besann er sich, wo er war. Die
Traumbank mußte unter der Wucht seiner letzten
Bewegungen zusammengebrochen sein, denn sie lag
wie ein verendetes Pferd mit ausgestreckten Füßen
unter seinem Leibe. Mühsam arbeitete der alte Herr
sich empor. Ihm war wirr und weh' zu Muthe.
Sein Haupt schmerzte, und in seinen Ohren brauste
noch die Brandung des Golfs von Neapel. Tief=
sinnig starrte er auf die Trümmer seines Sitzes und
dachte: „Irgend ein Geheimniß muß dabei sein, daß
ich hier immer in eine andere Welt entrückt werde.
Da liegt es, das Polster des Asklepios, ich aber
danke für weitere Incubationen. Es ist wohl am
besten, ich lasse die Planke spalten und Sabina ver=
wendet sie in der Küche. Merkwürdig," sagte er, indem
er die Trümmer zusammenlas, um sie hinunter zu
tragen, „noch gestern war ich in Folge meines bösen
Pfaffentraumes geneigt, die ganze mittelalterliche

Cultur für eine Krankheitsperiode zu halten, in der die Menschheit verkümmerte; heute muß ich doch sagen, es war gut, daß diese Christianer dazwischen kamen. Wir waren ja eine ganz verfluchte Gesellschaft, als die Naturgottheiten noch die schöne Welt re= gierten."

Frau Sophia und ihre Söhne waren nicht wenig verwundert, als Herr Timotheus heute, ein Brett unter dem einen Arm und vier Bankfüße unter dem anderen, aus dem Wäldchen hervortrat. „O weh, die Traumbank," rief Lutz betrübt. „Mein Werk hat freilich schon drei Sommer gehalten."

„Also Du hast dieses geheimnißvolle Wesen ge= zimmert," sagte der Vater und legte das Brett säuber= lich auf den Tisch.

„Es ist Sykomorenholz," belehrte Alexander die Anderen. „Lutz nahm zu seinem Meisterstücke den Deckel der Kiste, in der die Mumie für das Schul= museum angekommen ist, die der Schuldiener in dem Kloster zu Memmingen kaufte. Solch' rothes Holz kennen wir hier nicht."

„Und sieh'," fügte die Frau Rector hinzu, „welche seltsame Figuren hier eingepreßt sind."

In der That kamen, wenn man das Brett in gleicher Höhe mit dem Auge hielt, schwache relief= artige Vertiefungen zum Vorschein.

„Du warst ja ein wahrer Vandale, Lutz, daß Du dieses Alterthum in solcher Weise vermöbeltest!" rief Alexander.

„Papa wollte eine Bank," entschuldigte sich der Gescholtene, „und ich fand nichts Anderes."

„Nun begreife ich meine seltsamen Träume," rief der Rector lächelnd. „Dieses Brett mag viertausend Jahre alt sein und hat die Luft der verschiedenen Culturepochen eingesogen, die es bei dieser Julihitze geheimnißvoll wieder aushaucht. Darum träumte ich solche alte Geschichten." In guter Stimmung erzählte er nun den Knaben kurz den Inhalt seiner drei Träume.

„Aber das ist ja höchst merkwürdig," rief Lutz. „Da will ich die Bank sofort wieder herstellen, viel= leicht mit drei Beinen macht sich die Sache noch besser. Auf einem pythischen Dreifuß wirst Du am Ende noch merkwürdigere Aufschlüsse erhalten."

„Nein, ich danke," sagte der Emeritus. „Nun kämen die tieferen ägyptischen Schichten an die Reihe, und wenn die erst frei werden unter dem Einfluß der tropischen Hitze, sehe ich mich am Ende noch als ägyptischen Priester und füttere mit verhältnißmäßiger Heiterkeit meine heiligen Krokodile mit den Armen und Beinen meiner Gattin. Drei Stationen der Geschichte bin ich zurückgefahren; schon auf der ersten war es entschieden ungemüthlich, die zweite war traurig, die dritte abscheulich; da begehre ich die Grenzen der Menschheit nimmer zu schauen."

„Aber was sollen wir mit dem ehrwürdigen Brette anfangen?" fragte die Mutter lachend.

„Gib es der alten Sabine, sie soll unsern Kaffee damit kochen," entschied der Rector.

„Ich finde aber, Vater," sagte Lutz mit einem Nasenrümpfen, „daß wir keineswegs eine sehr erbau= liche Rolle spielen in Deinen Träumen."

„Das haben mir Deine vorwitzigen Zwischenrufe während meiner Erzählung bereits sattsam gesagt," erwiderte der Rector. „Dennoch hatte mein Traum vollkommen recht. So und nicht besser hätten wir uns unter den damaligen Verhältnissen ent= wickelt.

Was wir heute sind, sind wir nicht aus eigener Kraft, sondern hundert und hundert Generationen mußten ringen, kämpfen, leiden, bis nur der mäßige Zustand des Rechtsgefühls und der Sittlichkeit erreicht ward, dessen wir uns heute erfreuen. Ich schöpfe daraus den Trost, daß auch die, die nach uns kommen, besser sein werden, als wir es sind und werden konnten. Schauen sie dann auf die Rohheit unserer Kämpfe mit dem gleichen Abscheu zurück, wie wir heute auf die Junkerwirthschaft und den Werberunfug des patri= archalischen Regiments, auf Hexenprocesse und Ketzer= richter des Mittelalters, auf den Sklavenjammer und die allgemeine Treulosigkeit der antiken Welt schauen, um so besser! Dieser Abscheu vor uns wird nur einen weiteren Fortschritt des menschlichen Geschlechtes be= deuten. Aber Eines habe ich erkannt. Wir müssen kämpfen, wir müssen thätig sein. Der eigentliche Feind alles Fortschritts ist doch immer die Selbst= sucht der Mächtigen, die Tyrannei der Starken gegen die Schwachen. Nur die Gleichheit der Rechte

15*

schützt vor gefährlicher Gewaltherrschaft und schmäh=
lichem Sklavensinne."

In diesem Augenblick ertönte über der Villa wieder
ein Böllerschuß, der die Stimmberechtigten mahnen
sollte, ihrer Wahlpflicht eingedenk zu sein. „Ja, du
hast recht, trefflicher Kammerjäger," rief der Emeritus
fröhlich. „Wären unsere Vorfahren zu Hause ge=
blieben, wenn es galt, zu kämpfen um die Freiheit,
so wärest Du noch ein Sklave, und ich wäre ein Sklave,
und Lumpe wären wir beide. Rasch, Lutz, hole mir
meinen Hut! Noch ist es Zeit, meine Pflicht als
Bürger unseres glücklichen Jahrhunderts zu erfüllen.
Gib mir einen Zettel, Alex. Es lebe das allgemeine
Wahlrecht! Auch ich stimme für Rollmops."

Druck von A. Th. Engelhardt in Leipzig.